NEW
뉴 테니스 바이블

기초부터 경기 전술까지 완벽하게 마스터하는 테니스 실전 가이드

TENNIS
BIBLE

김석환 지음

머리글

테니스를 시작한 지 벌써 50여 년이 흘렀습니다. 중학교 때 처음 테니스를 시작해 대학교까지 선수생활을 하다가 사범대학을 졸업한 후 대구에 있는 정화여고로 교사로 발령을 받았습니다. 그리고 그곳에서 테니스 팀을 창단해 일선에서 선수를 육성한 것이 지도자로서의 첫걸음이었습니다. 그 이후 한국체육대학교 교수로 임용되어 지금에 이르기까지 테니스 선수들을 지도하고 있습니다.

그동안 기나긴 지도자의 시간을 보내면서 선수 육성에만 신경을 썼지 감히 테니스 서적을 집필할 생각을 하지는 못했습니다. 테니스 관련 외서의 번역이나 감수, 공동 집필 등은 여러 차례 진행했지만, 개인 단독으로서의 저술은 시도해보지 않았습니다.

그러던 중 몇 해 전 삼호미디어로부터 출간 제의를 받은 것이 계기가 되었습니다. 테니스 지도자의 마지막 기로에 선 시점에서 테니스 동호인들과 테니스 지도자들을 위해 기술 지도를 위한 테니스 서적을 내 손으로 만들어보자는 마음을 가지게 되었습니다.

그 이후, 수십 년간 모은 수많은 외서와 국제대회 관전, 그리고 오랫동안 선수들을 지도한 경험을 바탕으로 몇 년 동안 작업한 끝에 완성한 것이 지금의 〈뉴 테니스 바이블〉입니다.

테니스를 처음 시작하는 분들부터 기본기를 체계적으로 다지길 원하는 분들 모두가 쉽고 정확하게 이해할 수 있도록 사진과 일러스트 위주의 설명을 하려고 노력했습니다. 부디 이 책이 많은 테니스 동호인들이나 일선에서 테니스를 지도하는 여러 계통의 지도자들에게 많은 도움이 되었으면 하는 마음입니다.

마지막으로 이 책이 나오기까지 애써 주신 한국체육대학교 지도자와 선수들, 사진 촬영에 많은 도움을 주신 홍실 스튜디오 사장님과 집필에 많은 애를 써주신 삼호미디어 사장님과 부장님, 직원들께 감사를 드립니다. 그리고 긴 세월동안 끊임없이 책을 쓰도록 독려하고 격려를 아끼지 않은 아내와 식구들에게 진심으로 고마움을 전합니다.

2016년 11월

김석환

CONTENTS

04　　　머리글

PART 1 테니스 개요

10　　01 테니스 용구
12　　02 테니스 코트
12　　　　◯ 테니스 코트의 구성
14　　　　◯ 테니스 코트의 종류

PART 2 테니스 기초 기술

18　　01 테니스 그립
18　　　　◯ 그립의 기본
19　　　　◯ 원핸드 그립
26　　　　◯ 투핸드 백핸드 그립

35　　02 테니스 기본 동작
35　　　　◯ 원핸드 준비 자세
36　　　　◯ 투핸드 준비 자세
36　　　　◯ 풋워크

48　　03 그라운드 스트로크
49　　　　◯ 포핸드 스트로크
70　　　　◯ 원핸드 백핸드 스트로크
90　　　　◯ 투핸드 백핸드 스트로크

PART 3 테니스 기술 샷

106　　01 테니스 기술
106　　　　◯ 어프로치 샷
116　　　　◯ 드롭 샷
120　　　　◯ 로브
125　　　　◯ 패싱 샷
131　　　　◯ 발리
166　　　　◯ 스매시

PART 4 서브와 리턴

180	**01 서브**	
180		○ 플랫 서브
189		○ 서브의 응용
193		○ 서브의 포인트와 연습법
201	**02 서브 리턴**	
201		○ 포핸드 서브 리턴
203		○ 원핸드 백핸드 서브 리턴
205		○ 투핸드 백핸드 서브 리턴
207		○ 서브 리턴의 응용

PART 5 단식 및 복식 전술

212	**01 단식 경기 전술**	
212		○ 단식 경기 유의사항
213		○ 단식 경기 기본 전술
220	**02 복식 경기 전술**	
220		○ 복식 경기 유의사항
221		○ 복식 경기 대형
223		○ 서비스 전술
224		○ 리시브 전술
226		○ 복식 경기 상황별 다양한 전술
228		○ 복식 경기 전술 연습

PART 6 테니스 연습법

234	01 테니스 기초 연습법
237	02 초·중급자를 위한 연습법
249	03 중·상급자를 위한 연습법

PART 7 테니스 트레이닝

266	01 테니스 트레이닝
266	○ 준비 운동
267	○ 유연성 운동
268	○ 허리와 몸통 강화를 위한 정적 스트레칭
270	○ 고관절과 다리 강화를 위한 정적 스트레칭
272	○ 목과 어깨, 손목 강화를 위한 정적 스트레칭
275	02 웨이트 트레이닝
275	○ 웨이트 트레이닝 프로그램 구성 시 고려해야 할 사항
276	○ 상체 강화를 위한 웨이트 트레이닝
281	○ 하체 강화를 위한 웨이트 트레이닝
285	○ 손목 강화를 위한 웨이트 트레이닝

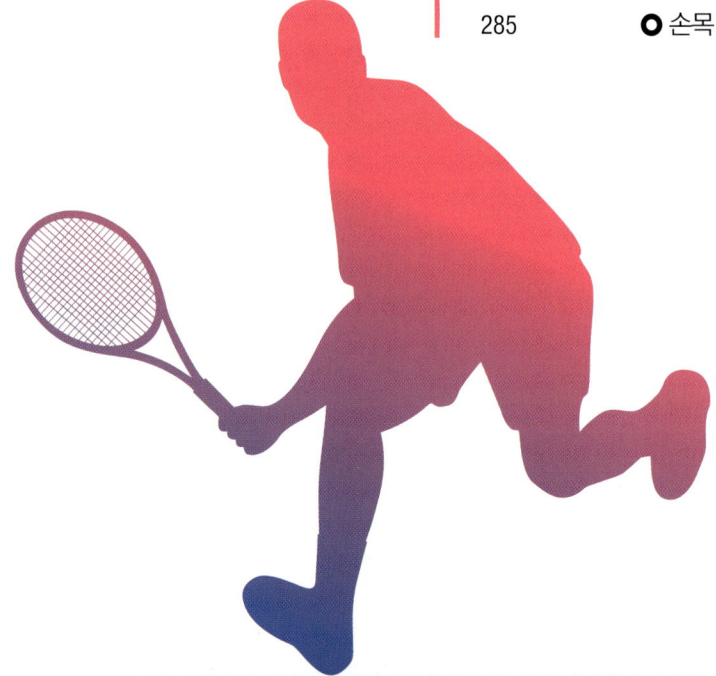

PART 1
테니스 개요

PART 1. 테니스 개요

01 테니스 용구

테니스를 배우기에 앞서 먼저 필요한 용구에 대해서 알아보자. 테니스 용구는 단순해 보이지만 기능과 특성에 따라 그 종류가 다양해질 수 있다. 비싸다고 무조건 좋은 것은 아니기 때문에 기본적인 지식을 갖추고 자신의 스타일에 맞는 것을 선택하자.

라켓 Racket

라켓의 무게는 공의 반발력과 컨트롤에 매우 밀접한 관계가 있다. 라켓이 무거울수록 공에 대한 반발력이 좋고, 가벼울수록 컨트롤이 수월하다. 일반적으로 남자는 스트링을 제외하고 270~310g 정도, 여자는 250~280g 정도의 무게를 사용한다.

라켓 프레임의 크기는 핸들을 포함하여 길이 73.66cm, 너비 31.75cm를 초과하면 안 된다. 라켓 헤드의 크기는 스위트 스팟의 넓이에 영향을 미치는데, 헤드가 클수록 스위트 스팟도 커진다. 타격 표면은 길이 39.37cm, 너비 29.21cm 이하여야 한다.

스위트 스팟 (Sweet Spot)

> **용어설명 스위트 스팟**
> 라켓으로 공을 임팩트할 때, 타격 효과가 가장 좋은 부분을 말한다. 이 부분에 공이 맞으면 라켓에 충격을 거의 주지 않고, 멀리 날아간다. 라켓 이미지에 빨간색 동그라미로 표시된 부분이 스위트 스팟이다.

스트링 String

테니스 라켓의 줄은 스트링이라고 하는데, 스트링은 크게 양이나 소 창자의 근육을 가공하여 만든 천연 스트링과 나일론 등으로 만든 합성 스트링으로 나눌 수 있다. 스트링의 장력은 공의 반발력과 컨트롤에 큰 영향을 미치는데, 스트링을 팽팽하게 매어 장력이 클수록 공의 반발력은 줄어들고 컨트롤이 용이해진다. 반대로 느슨하게 매면 반발력은 좋아지지만 컨트롤이 어려워진다.

스트링을 맬 때는 코트의 종류, 개인의 체격과 개성을 고려해 조정하는데, 일반적인 스트링 장력은 40~60파운드(18~27kg) 정도이다.

> **용어설명 장력**
> 물체 내 임의의 면에 대해 법선 방향으로 양쪽에서 끌어당기는 힘을 말한다. 단위 면적당의 힘으로 나타낸다.

공 Ball

테니스 공의 크기는 지름 6.54~6.86cm이고, 무게는 56.0~59.4g이다. 공의 표면은 직물 커버로 구성된 균일한 외피로 색상은 노란색이어야 하고, 이음새에는 실밥이 없어야 한다. 공에 힘을 가했을 때, 일정한 높이로 바운드되는 것이 좋고, 변형시켜도 금방 원래 모양으로 되돌아오는 것이 좋다.

복장 Wears

테니스 경기 복장은 티셔츠, 반바지, 스커트, 모자, 양말, 신발, 헤드밴드, 손목밴드 등을 착용하는데, 원래는 모두 흰색을 원칙으로 했으나, 유행이 바뀌어 요즘에는 각종 컬러를 사용하고 있다. 하지만 아직도 영국 윔블던 테니스 대회에서는 참가하는 모든 선수에게 반드시 흰색 유니폼을 착용하도록 하고 있다.

복장은 무엇보다 활동하기 편하고 보온과 땀 흡수가 잘되는 것이 좋다. 남성은 보통 티셔츠와 짧은 바지를 입고, 여성은 원피스나 투피스 스커트를 많이 입는데, 여름에는 갈아입기 편한 투피스가 좋다. 여성은 스커트 안에 언더 스커트(쇼트)를 입어야 하는데, 너무 작으면 부자연스럽고, 너무 크면 재빠르게 움직이기가 쉽지 않으므로 적당히 맞는 사이즈를 입도록 한다.

신발 Tennis Shoes

테니스는 움직임이 많은 스포츠이기 때문에 신발도 매우 중요한 도구 중의 하나이다. 테니스화는 크게 세 가지로 나뉘는데, 하드 코트용과 클레이 코트용, 그리고 어느 코트에도 통용되는 올라운드용이 있다. 하드 코트용 신발은 코트에서의 미끄럼을 방지하기 위해 신발 바닥에 깊게 파진 부분이 있고, 바닥이 두꺼워 발목과 무릎의 부담을 줄인다. 반면, 클레이 코트용 신발은 무릎이나 발목에 가해지는 부담이 적은 코트에서 사용하기 때문에 바닥이 얇다. 초보자의 경우 두 가지 코트에 모두 적응할 수 있는 올라운드용 신발을 구입하는 것이 무난하다. 테니스화는 두꺼운 양말을 착용하기 때문에 보통 신발보다 한 사이즈 큰 것을 구입하는 것이 좋다.

클레이 코트용

올라운드용

PART 1. 테니스 개요

02 테니스 코트

테니스 용구에 대해 알아봤다면 이제 코트에 대해서 알아보자. 국내에 있는 대부분의 테니스 코트는 클레이 코트이지만, 사실 코트의 종류도 여러 가지가 있다. 코트의 재질에 따라서 공의 반발력도 달라지기 때문에 어느 코트에서 게임을 하느냐에 따라 플레이 스타일이 달라질 수 있다.

● 테니스 코트의 구성

단식, 복식 공용 코트에서는 일반적으로 복식용 네트를 치고, 단식 경기를 할 때는 지름 7.5cm 이하 굵기의 싱글 스틱 두 개를 단식 사이드라인 바깥쪽 0.914m 지점에서 세워서, 네트를 1.07m의 높이로 받쳐주어야 한다. 네트는 공이 빠져나가지 않을 정도로 촘촘한 그물이어야 하고, 네트포스트 사이의 공간을 완전히 메우도록 쳐야 한다. 라인은 모두 같은 색으로 그어야 하고, 광고나 그 밖의 것을 코트 뒤에 놓거나 붙이는데, 그것이 흰색이나 노란색을 띠지 않는 것이 좋다.

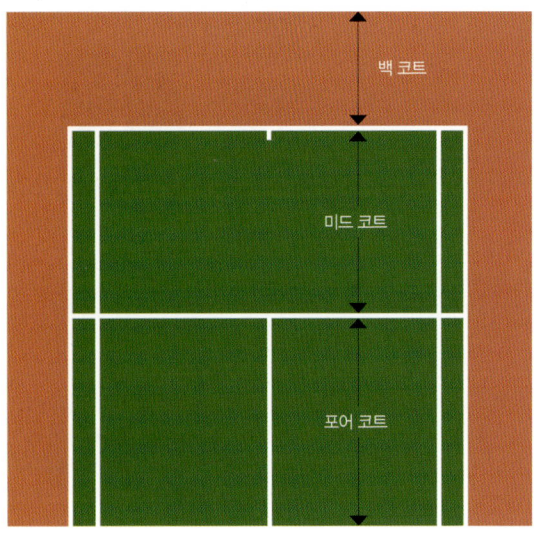

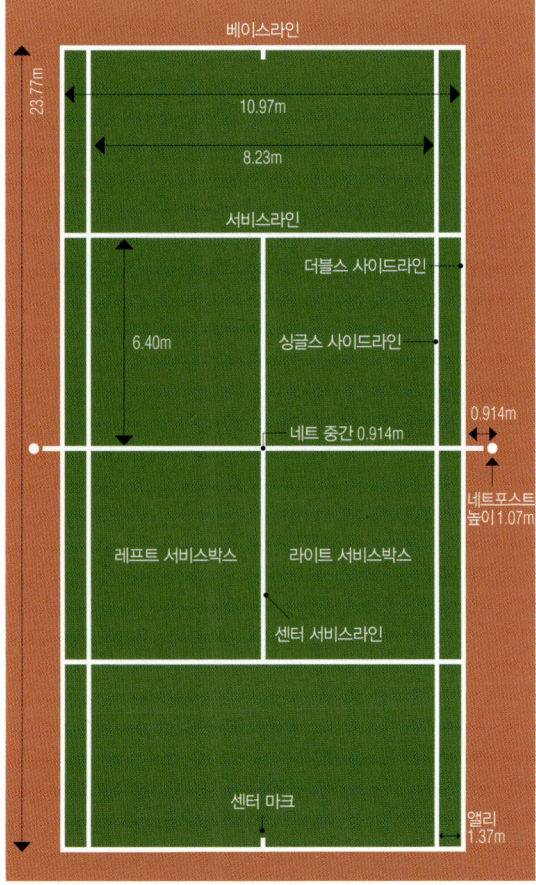

TIP 백 코트는 주로 수비 플레이를 하는 지역으로 그라운드 스트로크나 서브를 하고, 포어 코트는 공격 플레이를 하는 지역으로 발리, 스매시를 한다. 미드 코트는 주로 공이 날아오는 데드존으로서 시합 중에 서 있으면 안 되는 지역이다.

TIP 네트는 사이드의 높이가 1.07m이고 가운데 높이가 0.914m이다. 네트를 정면에서 보면 사이드에서 가운데로 갈수록 약간 내려가있다.

심판대

네트와 네트포스트

라이터

시선기

○ 테니스 코트의 종류

테니스 코트의 종류는 클레이 코트, 하드 코트, 론 코트, 인조잔디 코트, 앙투카 코트가 있다. 코트에 따라 공의 바운드나 타구 속도, 선수의 피로도 등에 차이가 있으므로 각 코트의 특성을 잘 알아두자.

클레이 코트 Clay Court

국내에 있는 대부분의 테니스 코트가 바로 클레이 코트이다. 이 코트는 점토질의 흙으로 되어있어 습기가 있고, 지면에 탄력이 있어서 공이 바운드되고 나면 타구 속도가 약해진다. 따라서 베이스라인에서 스트로크와 패싱 샷을 주로 하는 수비형 플레이어에게 좋다. 이 코트는 습기를 오래 유지할 수 있도록 소금을 수시로 뿌려 주면서 관리해야 수명이 오래갈 수 있다.

하드 코트 Hard Court

하드 코트는 콘크리트나, 아스팔트, 케미칼 등으로 만든 코트로 크게 손질을 하지 않아도 장기간 사용할 수 있다. 이 코트는 표면이 딱딱해서 바운드된 공의 속도가 빠르다. 따라서 보다 빠르고 정확하게 자세를 취하고 있지 않으면 반구를 할 수가 없다. 또한, 지면의 탄력성이 거의 없으므로 선수는 발이나 허리에 상당한 부담을 느끼게 된다. 하드 코트는 US 오픈이나 호주 오픈 대회에서 쓰인다.

론 코트 Lawn Court

천연잔디 코트로서 코트 면으로서는 가장 좋다. 타구한 공에 가해진 속도와 회전이 바운드된 후에도 곧바로 나오기 때문에 기술을 확실하게 발휘할 수 있다. 녹색이라 시각에도 좋고 풋워크 감각도 최고이지만, 설치비용과 유지비가 많이 드는 단점이 있다. 론 코트는 윔블던 대회에서 쓰인다.

인조잔디 코트 Artificial Lawn Court

인조잔디 코트는 화학 섬유재질로 만든 코트로서 천연잔디의 효과를 얻을 수 있고, 관리하기가 좋아 현재 전 세계적으로 많이 시공되고 있다. 공의 바운드는 하드 코트와 클레이 코트의 중간 정도이다.

PART 1. 테니스 개요

앙투카 코트 En-Tout-Cas Court

클레이 코트와 비슷한 형태의 코트로서 비가 많이 오는 동남아나 유럽에 많이 있다. 앙투카는 불에 구운 흙벽돌을 모래처럼 분쇄하여 물을 부어 굳히기 때문에 적갈색이고, 바운드가 클레이 코트와 비슷하여 베이스라인 플레이어에게 매우 유리한 코트이다. 앙투카 코트는 프랑스 오픈 대회에서 쓰인다.

> **TIP 좋은 코트의 조건**
>
> ① 공의 바운드가 정확해야 한다.
> ② 지면에 탄력이 있어야 한다.
> ③ 공의 스핀(회전)을 그대로 받아들여야 한다.
> ④ 운동화 바닥에 흙이 많이 붙는 것을 방지해 주어야 한다.
> ⑤ 특별한 경우를 제외하고, 항상 개방하여 자주 밟아 줌으로써 면을 좋게 해야 한다.

PART 2
테니스 기초 기술

PART 2. 테니스 기초 기술

01 테니스 그립

테니스 라켓의 그립은 매우 다양하며 타구 방법에 따라 달라진다. 실제로 선수들의 경기를 보면 스트로크가 바뀔 때마다 다양하게 그립을 바꾸는데, 이는 임팩트 때 자세와 라켓 페이스 각도에 큰 영향을 미친다.

테니스 그립은 크게 둘로 나누어서 라켓을 한 손으로 잡는 원핸드 그립과 두 손으로 잡는 투핸드 그립이 있다. 원핸드 그립은 서브를 비롯한 모든 스트로크에 다양하게 변형시켜 사용할 수 있다. 투핸드 그립은 거의 백핸드 스트로크를 할 때만 사용하기 때문에 다양성은 부족하지만 강한 파워를 낼 수가 있다.

그립은 잡는 위치에 따라 이스턴, 세미 웨스턴, 웨스턴, 컨티넨탈 그립 등으로 나뉜다. 각각의 방법과 특징을 알아보고 자신에게 맞는 그립을 잡도록 하자.

○ 그립의 기본

그립을 잡기 전에 먼저 그립 사이즈부터 확인하자. 손바닥에는 3개의 눈금 선이 있는데, 그중에서 중앙에 뻗어있는 선의 중심 부분부터 중지 끝부분까지의 길이가 그립의 둘레와 같으면 그립 사이즈가 맞는 것이다. 그립을 잡을 때는 아래의 손바닥 이미지에 표시한 부분으로 잡는다.

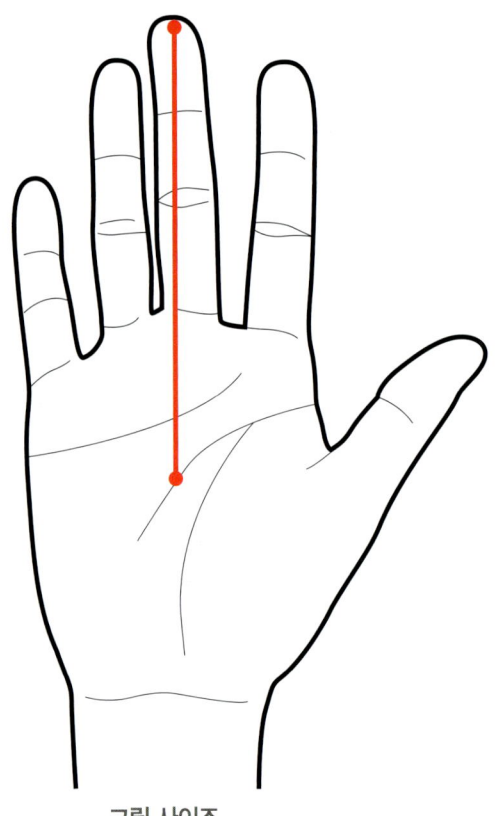

그립 사이즈

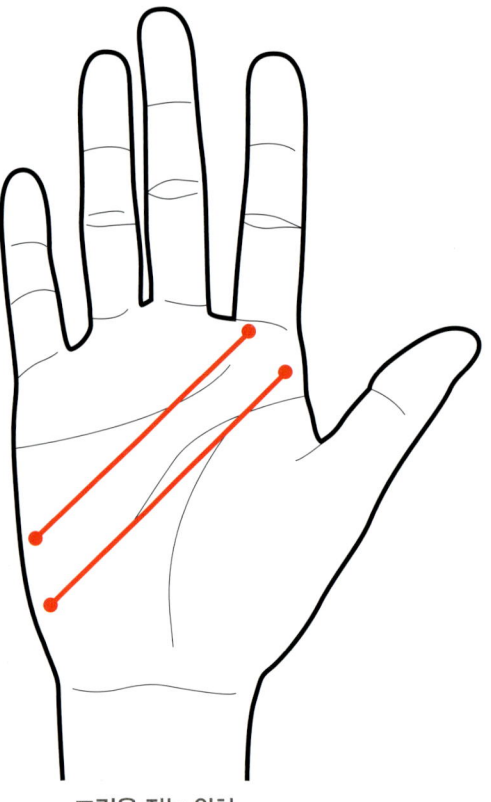

그립을 잡는 위치

예전에는 엄지와 검지 사이의 V자 홈이 라켓 그립의 어느 위치에 있느냐에 따라 그립이 결정되었지만, 현재는 손바닥을 라켓 그립의 어느 위치에 접촉하느냐에 따라 그립이 달라진다. 공을 손바닥으로 치는 느낌으로 그립의 위치를 정하는 것이 더 쉽고 정확하기 때문이다.

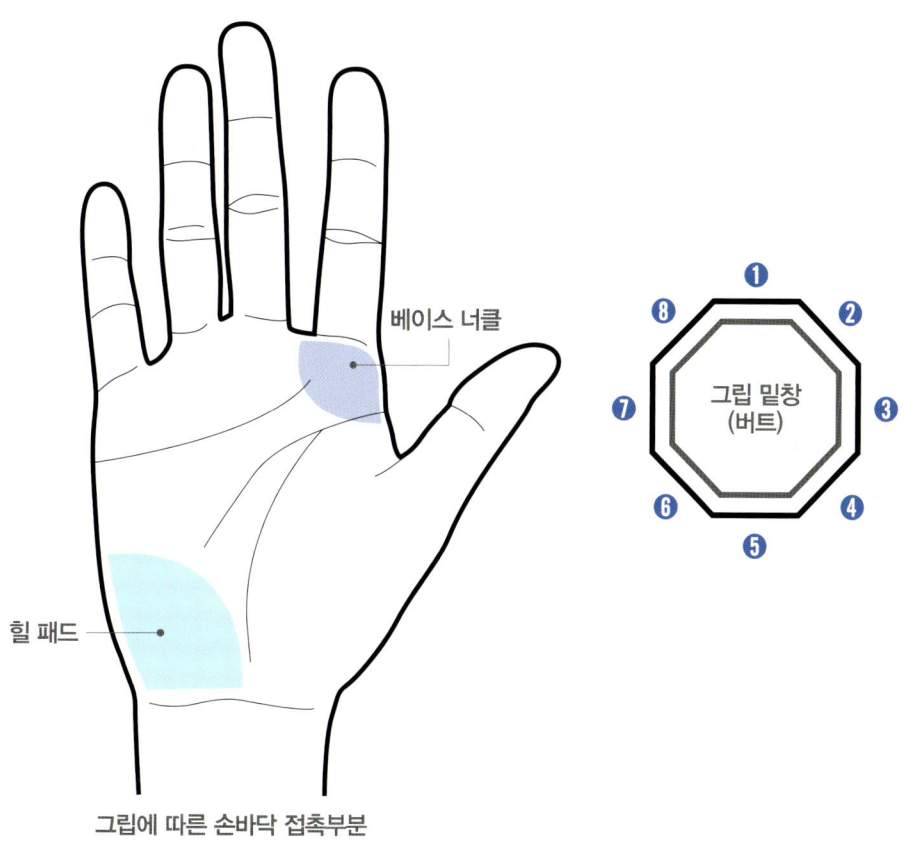

그립에 따른 손바닥 접촉부분

○ 원핸드 그립 One-hand Grip

원핸드 그립은 라켓을 한 손으로 잡는 방법으로 서브를 포함해 모든 스트로크에 적용하는 그립이다. 다양한 기술을 구사하기가 좋고 주로 공을 강하게 치고자 할 때 사용하지만, 정확도가 떨어진다는 단점이 있다. 원핸드 그립에서 가장 기본이 되는 이스턴 그립은 공을 강하게 칠 수가 있고, 세미 웨스턴이나 웨스턴 그립은 공을 조금 더 안정적으로 치거나 스핀을 구사하기에 좋다. 컨티넨탈 그립은 라켓을 완전히 수직으로 세워서 잡는 그립으로서 공을 라켓의 양면으로 치기가 좋아 서브나 발리, 스매시 등 다양한 스트로크를 하기에 좋다. 백핸드 스트로크는 현재 원핸드보다 투핸드로 치는 것이 세계적인 추세이다. 투핸드 백핸드 스트로크는 리치가 짧은 단점이 있지만, 원핸드보다 볼 컨트롤이 용이하고 공을 훨씬 더 강하게 칠 수 있다는 장점이 있다.

PART 2. 테니스 기초 기술

이스턴 포핸드 그립 Eastern Forehand Grip

이스턴 포핸드 그립은 상대방과 악수하는 느낌으로 잡는 그립으로서 일명 셰이크핸드 그립이라고도 한다. 포핸드 스트로크에만 전문적으로 사용하는 가장 기본적인 그립으로 공을 정확하고 강하게 칠 수 있다. 이는 임팩트 순간에 라켓 헤드가 지면으로부터 수직이 되어 임팩트를 길게 가져갈 수 있기 때문이다. 또한, 허리 높이로 오는 공을 치기가 좋고 여러 코트에 적응력이 높아서 초보자에게 적합한 그립이다. 다만 슬라이스와 낮은 발리를 하기가 어렵고 높이 뜬공을 처리하기가 어렵다.

잡는 요령
베이스 너클 (그립 위쪽 접촉 부분) ❸
힐 패드 (그립 아래쪽 접촉 부분) ❷~❸

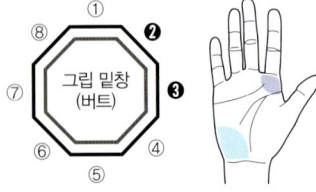

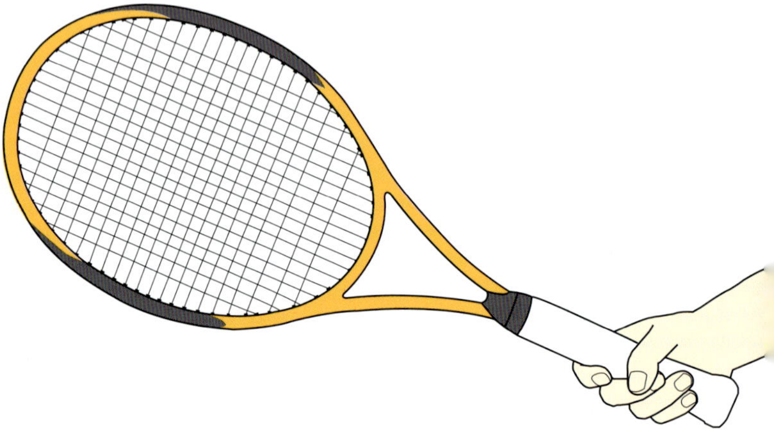

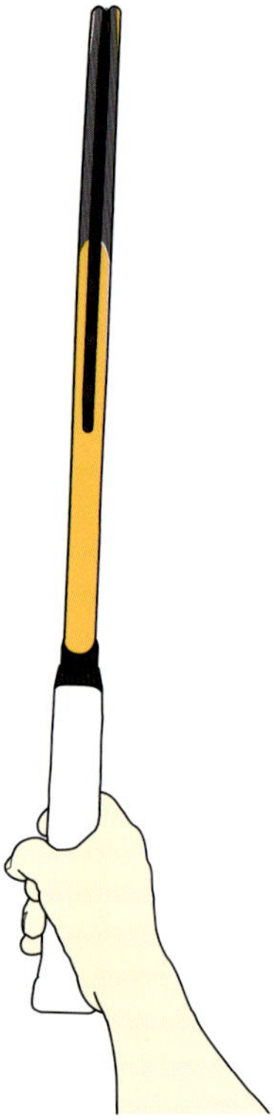

사용 스트로크
포핸드 스트로크, 포핸드 스윙 발리
포핸드 발리, 포핸드 드롭 샷, 포핸드 로브

장점
- 파워를 내기 쉽다.
- 허리 높이의 공을 치기 좋다.
- 다양한 스핀을 구사하기 좋다.
- 여러 가지 코트에서의 적응력이 좋다.
- 초보자가 사용하기 좋다.

단점
- 허리 높이 이상으로 뜬공을 치기 어렵다.
- 낮은 발리가 어렵다.
- 기술 샷이 어렵다.
- 슬라이스를 치기 어렵다.

이스턴 백핸드 그립 Eastern Backhand Grip

이스턴 백핸드 그립도 이스턴 포핸드 그립과 같이 임팩트를 길게 끌어서 공을 강하게 칠 수 있다. 백핸드 시 공을 앞으로 강하게 밀어치기 위해 그림과 같이 엄지손가락을 라켓 왼쪽 면에 비스듬히 위로 올리는 것이 좋다.

잡는 요령
베이스 너클 (그립 위쪽 접촉 부분) ❶
힐 패드 (그립 아래쪽 접촉 부분) ❽~❶

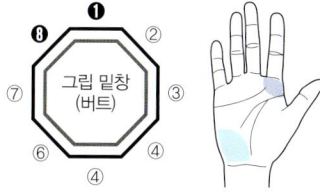

사용 스트로크
백핸드 스트로크, 백핸드 패싱 샷
백핸드 로브, 백핸드 드롭 샷
백핸드 발리 등

장점
- 파워를 내기 쉽다.
- 허리 높이의 공을 치기 좋다.
- 다양한 스핀을 구사하기 좋다.
- 여러 가지 코트에서의 적응력이 좋다.
- 초보자가 사용하기 좋다.

단점
- 허리 높이 이상으로 뜬공을 치기 어렵다.
- 낮은 발리가 어렵다.
- 기술 샷이 어렵다.
- 슬라이스를 치기 어렵다.

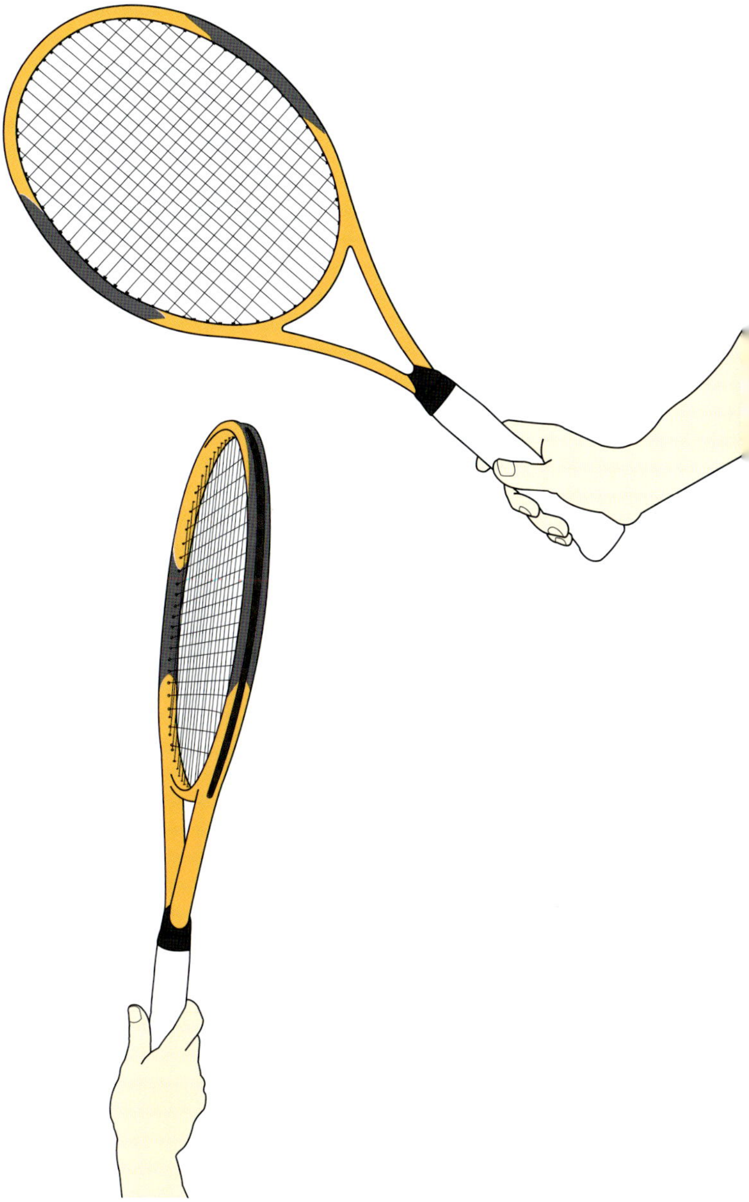

PART 2. 테니스 기초 기술

세미 웨스턴 포핸드 그립 Semi Western Forehand Grip

이 그립은 포핸드 이스턴 그립과 웨스턴 그립의 중간형으로서 앞에서 보면 라켓 헤드가 많이 눕혀져 있다. 허리와 어깨 중간 정도 높이의 공을 타구하기 좋고 이스턴 그립보다 탑스핀을 치기가 좋다. 공의 탄도가 높아서 안정적으로 칠 수 있는 장점이 있지만, 이스턴 그립과 같이 슬라이스와 낮은 발리가 어렵고 백핸드 그립으로 전환하기가 어렵다.

잡는 요령
베이스 너클 (그립 위쪽 접촉 부분) ❹
힐 패드 (그립 아래쪽 접촉 부분) ❸~❹

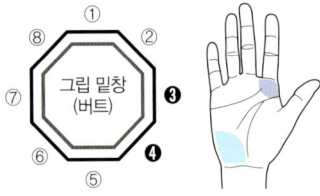

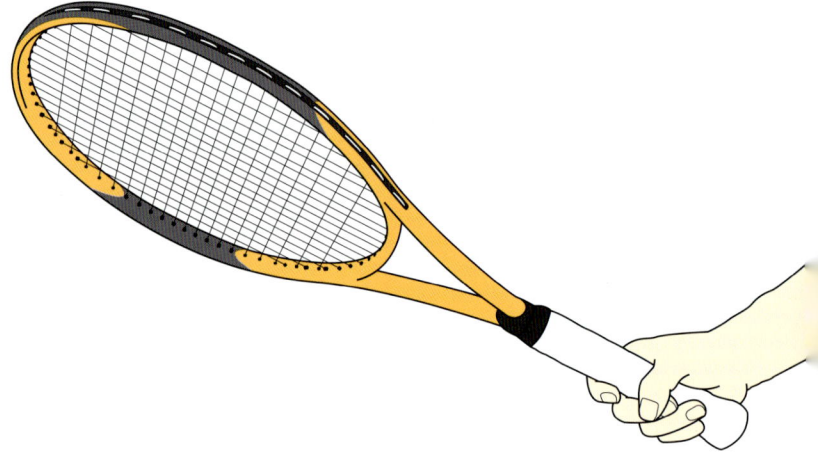

사용 스트로크
포핸드 스트로크, 포핸드 스윙 발리
포핸드 탑스핀 로브, 포핸드 패싱 샷
포핸드 어프로치 샷, 포핸드 드롭 샷 등

장점
- 탑스핀을 치기 좋다.
- 높은 공을 치기 좋다.
- 패싱 샷을 치기 좋다.

단점
- 슬라이스를 치기 어렵다.
- 낮은 공을 치기 어렵다.
- 백핸드 그립으로 전환이 어렵다.

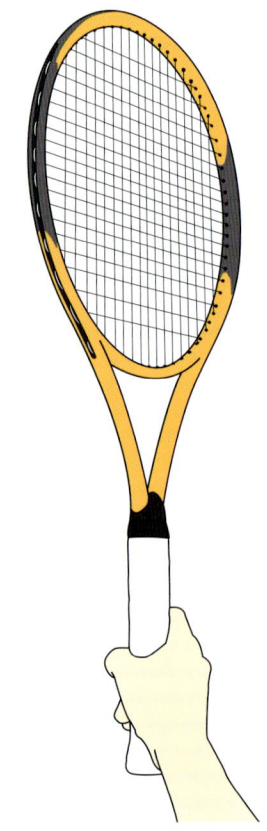

세미 웨스턴 백핸드 그립 Semi Western Backhand Grip

이 그립은 백핸드 이스턴 그립과 웨스턴 그립의 중간형으로서 이스턴 백핸드 그립보다 탑스핀과 각도 있는 공을 치기가 좋고 공의 탄도도 높아서 안정적으로 칠 수가 있다.

잡는 요령
베이스 너클 (그립 위쪽 접촉 부분) ❽ ~ ❶
힐 패드 (그립 아래쪽 접촉 부분) ❽

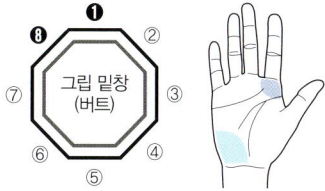

사용 스트로크
백핸드 스트로크, 백핸드 탑스핀 로브
백핸드 패싱 샷, 백핸드 드롭 샷
백핸드 어프로치 샷 등

장점
- 탑스핀을 치기 좋다.
- 높은 공을 치기 좋다.
- 패싱 샷을 치기 좋다.
- 강한 파워를 내기 좋다.

단점
- 슬라이스를 치기 어렵다.
- 낮은 공을 치기 어렵다.
- 백핸드 그립으로 전환이 어렵다.
- 낮은 발리가 어렵다.

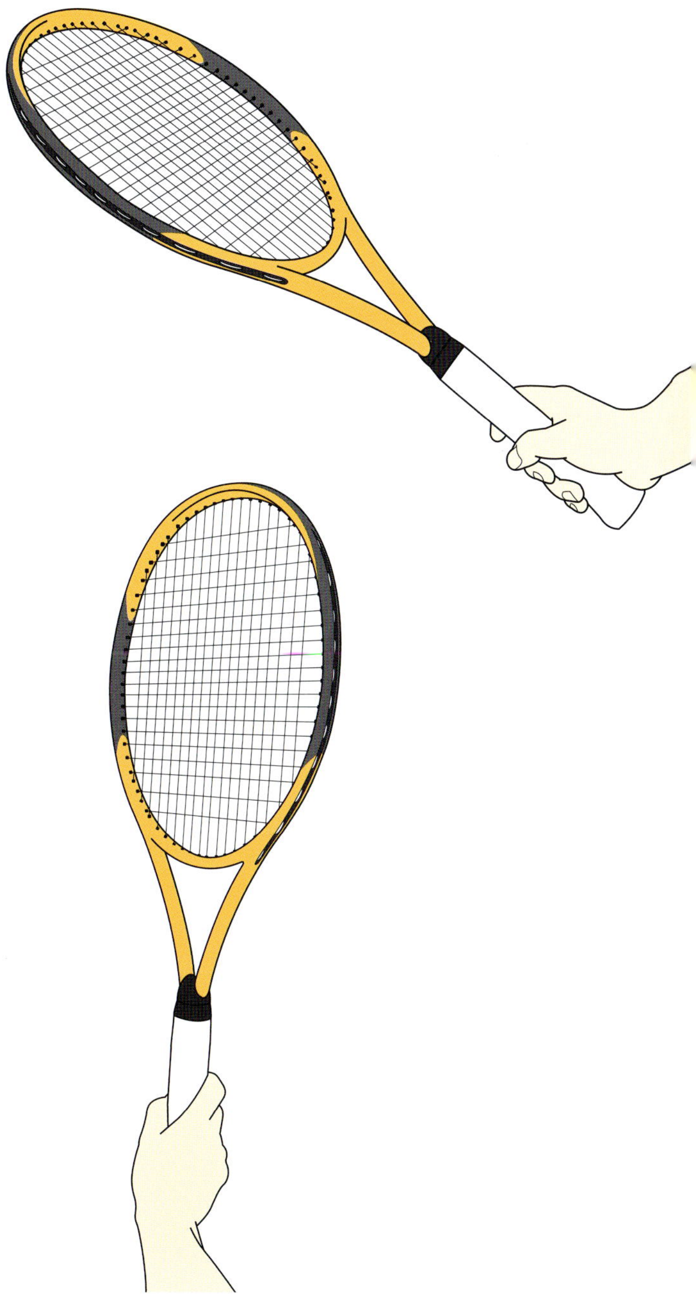

웨스턴 포핸드 그립 Western Forehand Grip

이 그립은 컨티넨탈 그립과 정반대 특징을 가지고 있는 그립으로서 어깨 정도 높이의 공을 처리하는 데 매우 유리한 그립이다. 하지만 라켓 헤드가 지면과 거의 수평 상태로 닫혀 있기 때문에 다른 어떤 그립보다 타점이 높고 몸 앞에서 공을 쳐야 하는 어려움이 있다. 일반적인 타점은 왼쪽 허리 부근에서 이루어지는데, 그림처럼 라켓이 앞으로 눕혀지면 각이 없으므로 타점이 허리보다 더 앞에서 이루어져야 한다. 탑스핀을 구사하기에는 용이할 수 있지만 슬라이스와 플랫 드라이브를 구사하기가 어렵다.

잡는 요령
베이스 너클 (그립 위쪽 접촉 부분) ❺
힐 패드 (그립 아래쪽 접촉 부분) ❹~❺

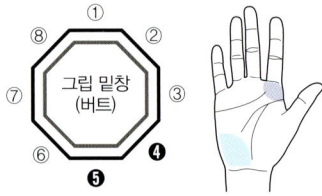

사용 스트로크
포핸드 스트로크, 백핸드 스트로크
탑스핀 로브, 패싱 샷, 어프로치 샷 등

장점
- 탑스핀을 치기 좋다.
- 높은 공을 치기 좋다.
- 타구 종류에 상관없이 사용할 수 있다.
- 빠른 공에 유리하다.
- 하나의 그립으로 포핸드, 백핸드를 모두 칠 수 있다.

단점
- 슬라이스를 치기 어렵다.
- 낮은 공을 치기 어렵다.
- 발리를 하기 어렵다.

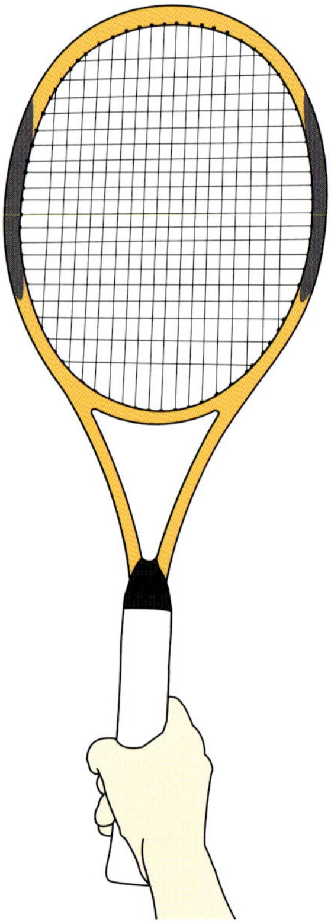

컨티넨탈 그립 Continental Grip

이 그립은 이스턴 포핸드 그립과 이스턴 백핸드 그립의 중간형으로서 라켓을 세워서 잡는 그립이다. 라켓 페이스가 많이 열려 있어서 낮게 바운드된 공을 처리하기 쉽고 서브나 발리, 스매시 등의 네트 플레이를 하기에 유리하다. 하지만 허리 이상의 높이로 오는 공을 처리하거나 공을 강하게 치기가 어렵다.

잡는 요령
베이스 너클 (그립 위쪽 접촉 부분) ❶
힐 패드 (그립 아래쪽 접촉 부분) ❶ ~ ❷

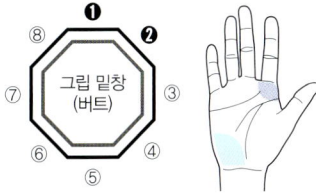

사용 스트로크
서브, 스매시, 발리 등

장점
- 낮은 공을 치기 좋다.
- 타구 종류에 관계없이 사용할 수 있다.
- 서브와 발리를 연결해서 치기 좋다
- 높은 공에서 손목 스냅 동작에 유리하다.
- 하나의 그립으로 포핸드, 백핸드를 모두 칠 수 있다.

단점
- 높은 공을 치기 어렵다.
- 손목이 약한 사람에게는 불리하다.
- 탑스핀을 치기 어렵다.
- 강한 파워를 내기 어렵다.
- 정확한 타이밍을 필요로 한다.

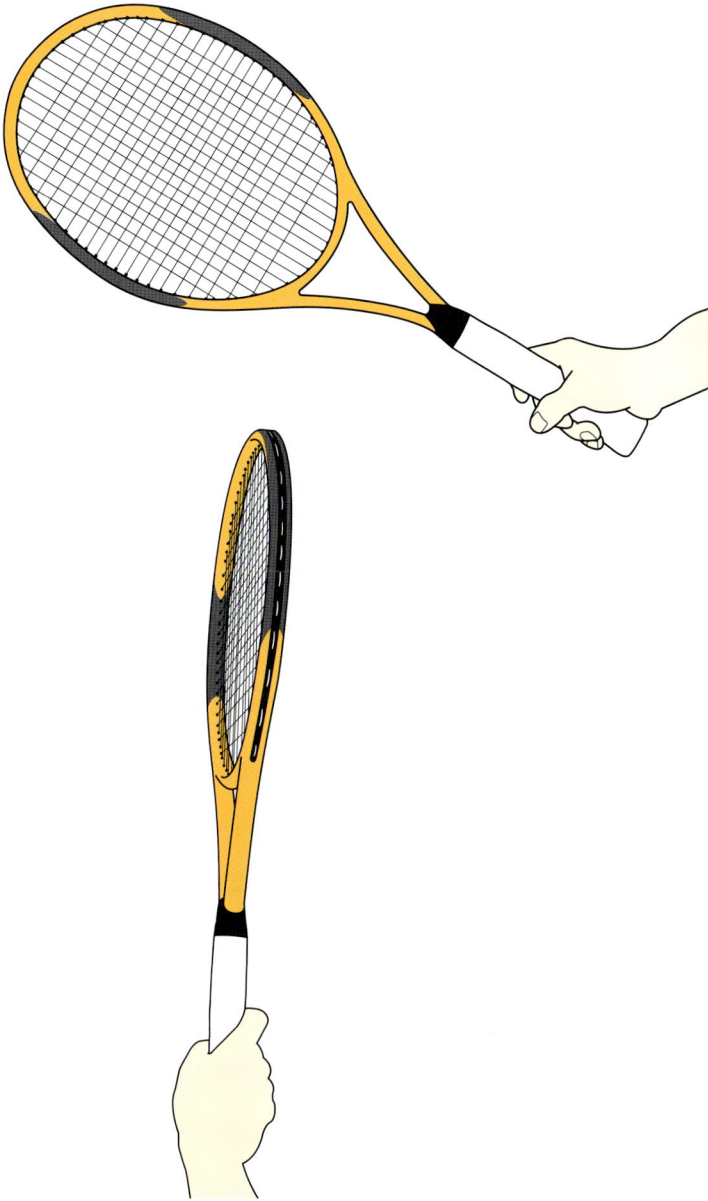

TIP 그립을 바꿔 쥐는 요령

일반적으로 포핸드로 많이 치기 때문에 준비할 때는 포핸드 스트로크를 치기 좋게 잡는다. 만약 백핸드 쪽으로 공이 날아온다면 백핸드 스트로크를 치기 좋게 그립을 바꿔야 하는데, 바꾸는 요령은 백스윙과 동시에 라켓의 목을 잡고 있는 손으로 백핸드 그립에 맞게 돌려주면 된다.

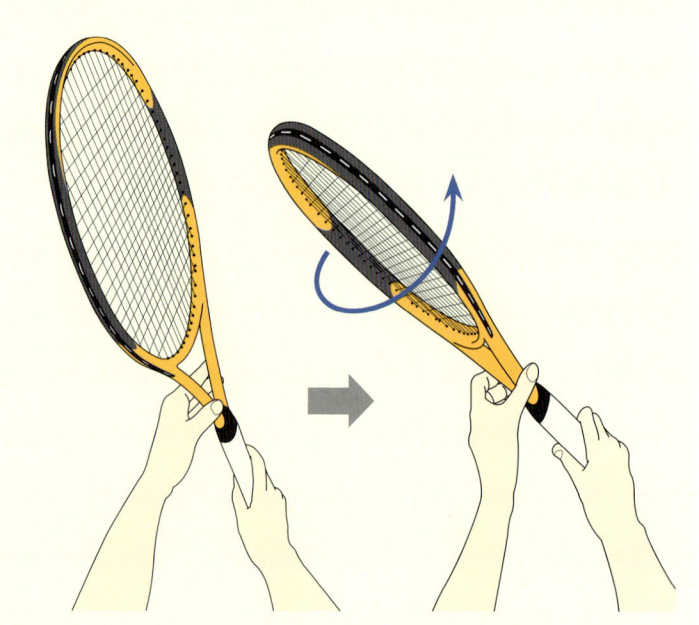

○ 투핸드 백핸드 그립 Two-hand Back hand Grip

투핸드 그립은 최근 세계적으로 가장 많이 사용하는 그립으로서 주로 백핸드 스트로크를 할 때 사용한다. 공을 안정적이고 강하게 칠 수 있는 장점이 있지만 리치가 짧은 단점이 있어서 몸 정면으로 가까이 들어온 공이나 사이드로 멀리 떨어진 공을 처리하려면 보다 빠르고 정확한 풋워크가 필요하다. 투핸드 그립에서 양손의 역할은 아래쪽 손(오른손)과 위쪽 손(왼손)으로 나누어진다. 아래쪽 손(오른손)은 그립을 지탱하고 임팩트 타이밍을 잡는 데 도움을 주며 코트 밖으로 빠지는 공을 처리하는 데에도 중요한 역할을 한다. 위쪽 손(왼손)은 주로 파워와 각종 스핀을 구사하는 역할을 한다. 투핸드 그립을 잡았을 때 공이 포핸드로 오면, 라켓 위쪽을 잡은 왼손을 놓고 그대로 오른손으로 친다. 백핸드를 칠때는 왼손은 그대로 잡고 오른손만 백핸드를 치기 좋게 돌려 잡으면 된다.

이스턴 포핸드 그립 (아래쪽 손) – 이스턴 포핸드 그립 (위쪽 손)

이 그립은 위쪽 손과 아래쪽 손 모두 이스턴 포핸드 그립으로 잡아서 파워를 내기에 좋다. 하지만 몸에서 먼 공을 한 손으로 처리하는 슬라이스나 발리를 할 때는 그립을 바꿔야 하는 불편함이 있다.

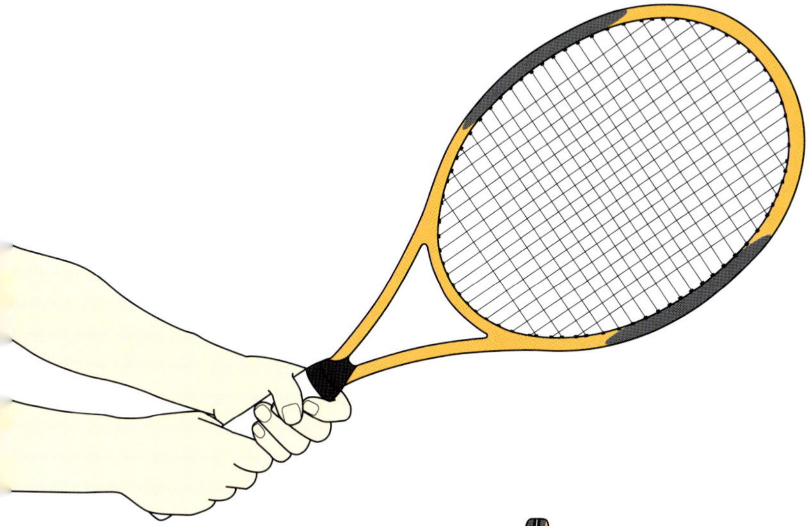

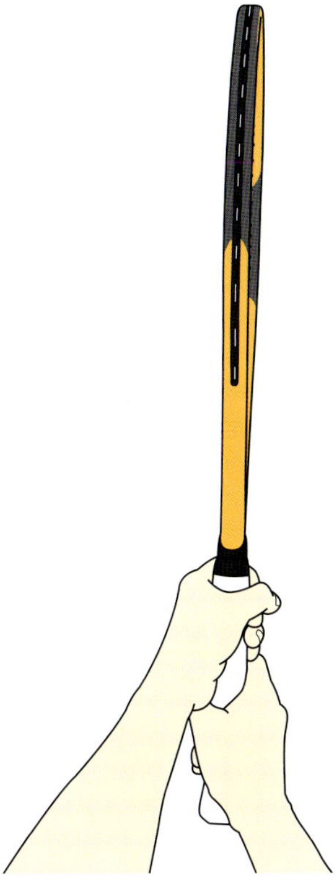

잡는 요령

위쪽 손 (왼손)
베이스 너클 (그립 위쪽 접촉 부분) ❼
힐 패드 (그립 아래쪽 접촉 부분) ❼~❽

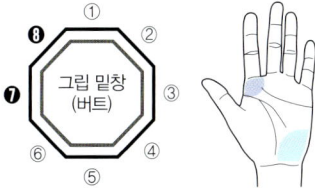

아래쪽 손 (오른손)
베이스 너클 (그립 위쪽 접촉 부분) ❸
힐 패드 (그립 아래쪽 접촉 부분) ❷~❸

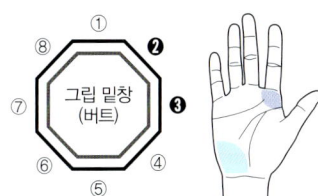

이스턴 포핸드 그립 (아래쪽 손) – 세미 웨스턴 포핸드 그립 (위쪽 손)

이 그립은 어느 정도 숙달된 중급자가 사용하기 좋은 그립이다. 위쪽 손이 이스턴 포핸드 그립보다 왼쪽으로 조금 더 돌아가 있어서 공에 탑스핀을 주기 쉽고 안정감 있게 공을 칠 수 있지만 아래쪽 손만으로 슬라이스나 발리를 하려면 컨티넨탈 그립으로 바꿔야 하는 번거로움이 있다.

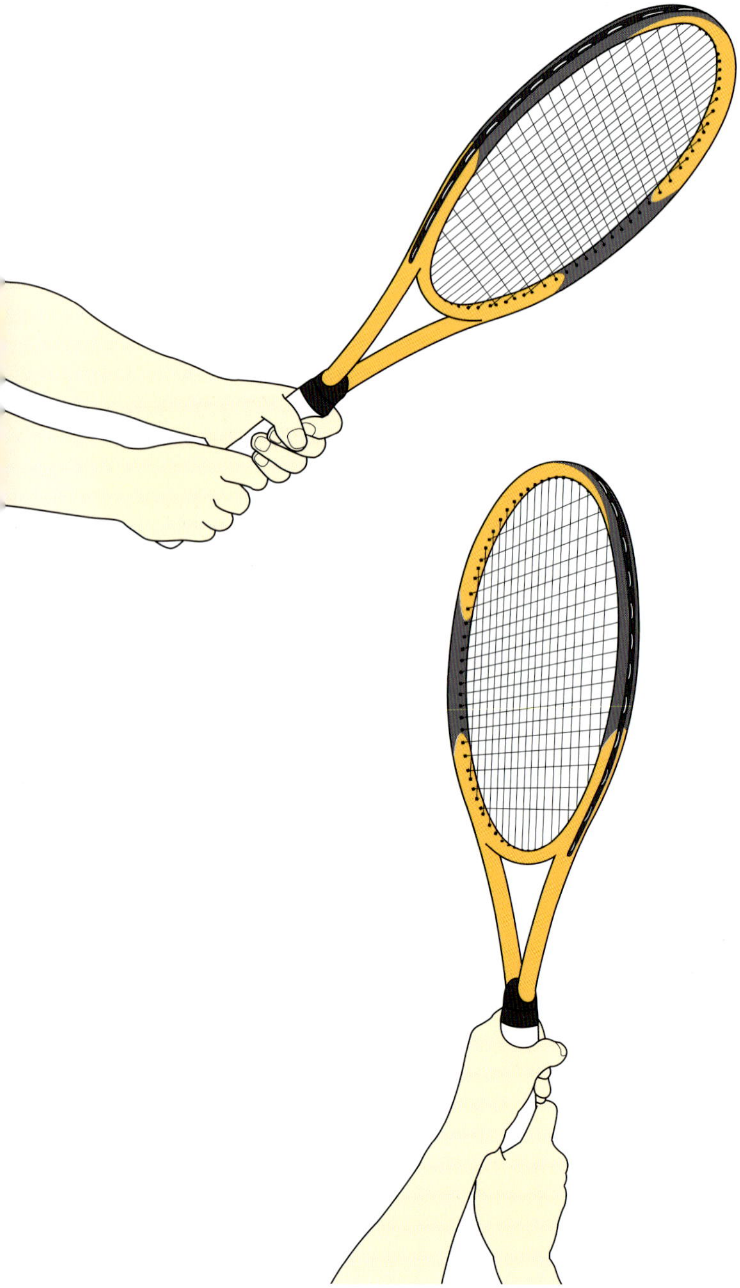

잡는 요령

위쪽 손 (왼손)
베이스 너클 (그립 위쪽 접촉 부분) ❻
힐 패드 (그립 아래쪽 접촉 부분) ❻~❼

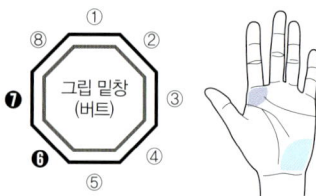

아래쪽 손 (오른손)
베이스 너클 (그립 위쪽 접촉 부분) ❸
힐 패드 (그립 아래쪽 접촉 부분) ❷~❸

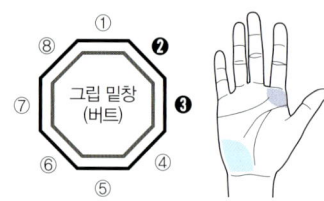

이스턴 포핸드 그립 (아래쪽 손) – 웨스턴 포핸드 그립 (위쪽 손)

이 그립은 위쪽 손으로 라켓을 두껍게 잡아서 일반적인 타점보다 훨씬 앞에서 쳐야 하고 어깨를 강하게 회전시켜야 하는 어려움이 있으므로 초, 중급자에게 별로 권하고 싶지 않은 그립이다. 그러나 일반적인 타점보다 더 앞에서 공을 치기 때문에 탑스핀을 강하게 구사할 수 있는 장점이 있다.

잡는 요령

위쪽 손 (왼손)
베이스 너클 (그립 위쪽 접촉 부분) ❺
힐 패드 (그립 아래쪽 접촉 부분) ❺~❻

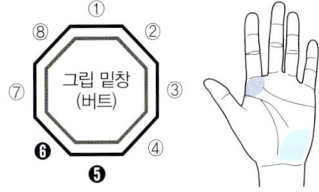

아래쪽 손 (오른손)
베이스 너클 (그립 위쪽 접촉 부분) ❸
힐 패드 (그립 아래쪽 접촉 부분) ❷~❸

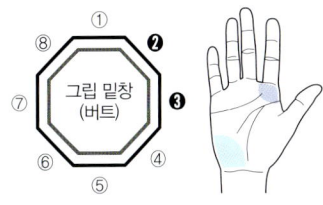

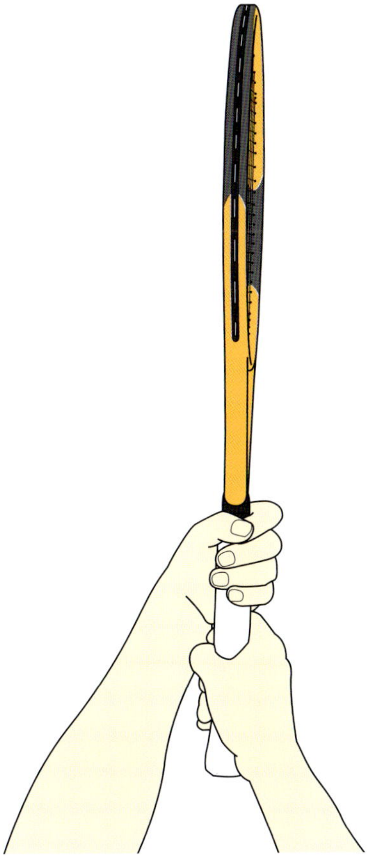

이스턴 백핸드 그립 (아래쪽 손) – 세미 웨스턴 포핸드 그립 (위쪽 손)

이 그립은 위쪽 손으로 세미 웨스턴 그립을 잡고 아래쪽 손으로 이스턴 백핸드 그립을 잡아서 투핸드 백핸드 스트로크를 강하게 칠 수 있다. 하지만 아래쪽 손을 백핸드 그립으로 잡기 때문에 한 손으로 포핸드를 칠 경우, 그립을 많이 돌려야 하는 단점이 있다.

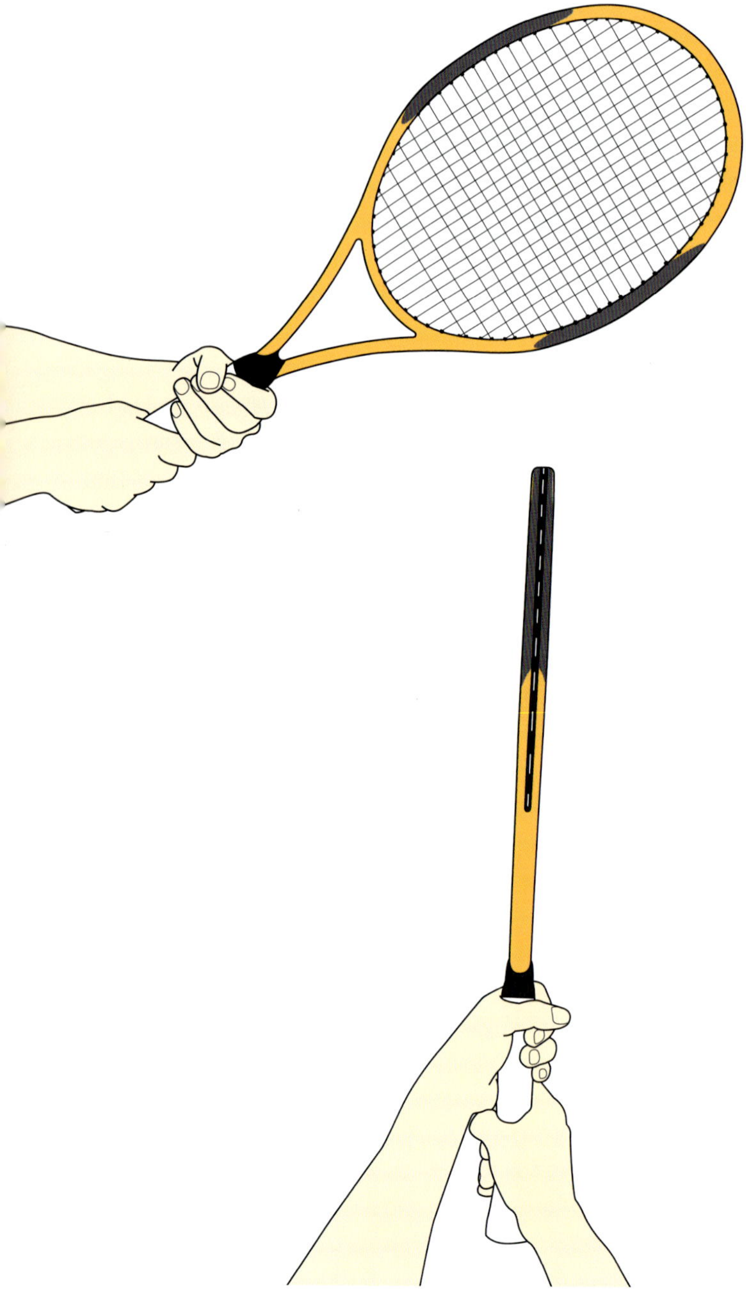

잡는 요령

위쪽 손 (왼손)
베이스 너클 (그립 위쪽 접촉 부분) ❻
힐 패드 (그립 아래쪽 접촉 부분) ❻~❼

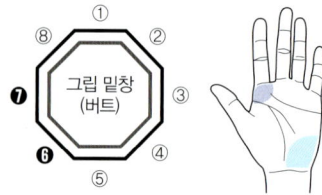

아래쪽 손 (오른손)
베이스 너클 (그립 위쪽 접촉 부분) ❶
힐 패드 (그립 아래쪽 접촉 부분) ❶~❽

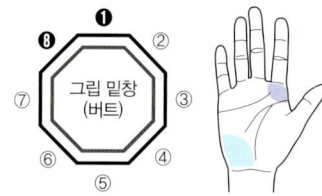

컨티넨탈 그립 (아래쪽 손) – 이스턴 포핸드 그립 (위쪽 손)

이 그립은 초급을 조금 벗어난 사람에게 적합한 그립으로서 위쪽 손으로 이스턴 포핸드 그립을 잡아서 투핸드 백핸드 스트로크를 정확하고 강하게 칠 수가 있다. 또한, 아래쪽 손은 공을 컨트롤하기 좋은 컨티넨탈 그립으로 잡아서 한 손으로 칠 경우 슬라이스, 발리, 드롭 샷 등 다양한 기술을 구사하기 좋다.

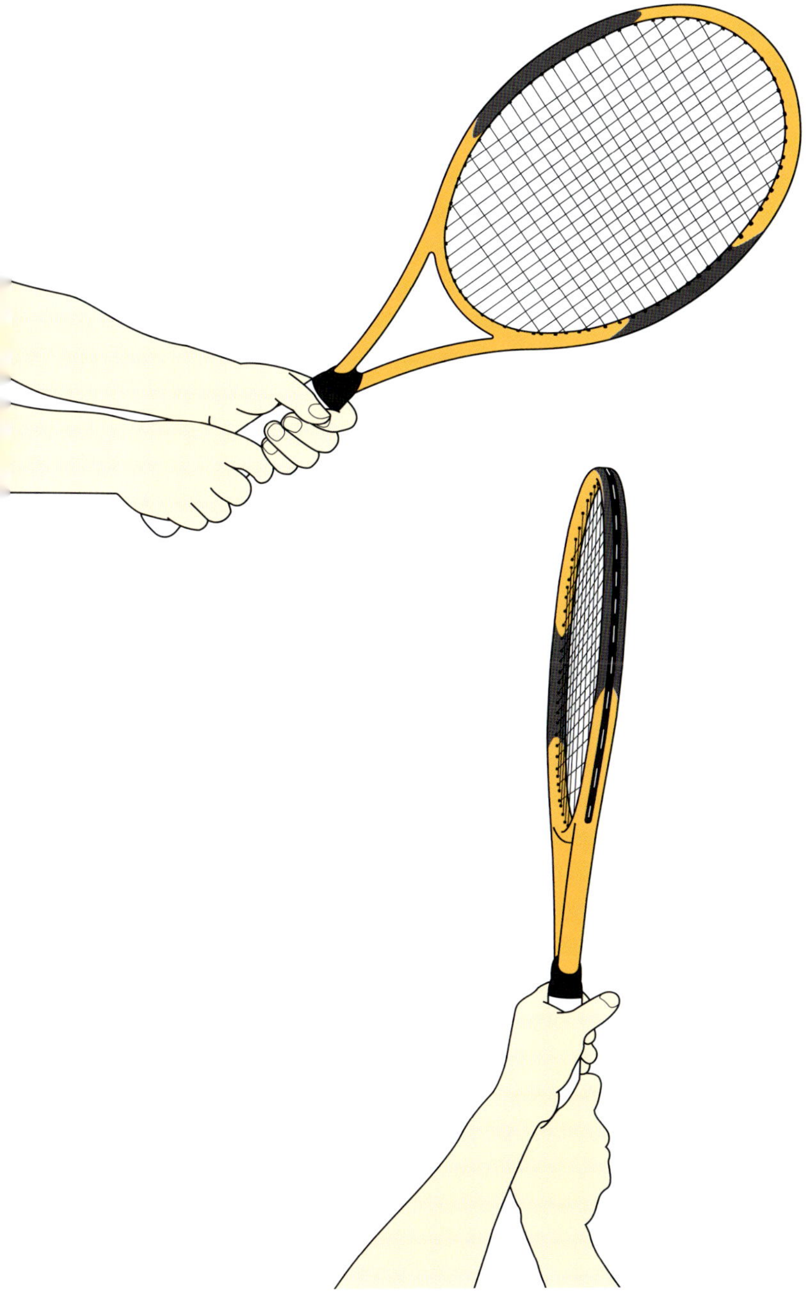

잡는 요령

위쪽 손 (왼손)
베이스 너클 (그립 위쪽 접촉 부분) ❼
힐 패드 (그립 아래쪽 접촉 부분) ❼~❽

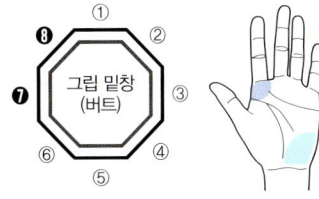

아래쪽 손 (오른손)
베이스 너클 (그립 위쪽 접촉 부분) ❷
힐 패드 (그립 아래쪽 접촉 부분) ❶~❷

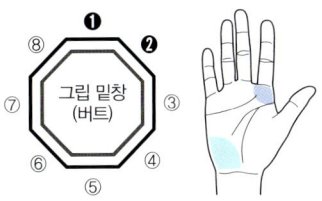

컨티넨탈 그립 (아래쪽 손) – 세미 웨스턴 그립 (위쪽 손)

이 그립은 투핸드 백핸드 스트로크를 구사하는 선수들이 가장 많이 애용하는 그립이다. 위쪽 손으로 세미 웨스턴 그립을 잡아 공을 강하게 치거나 탑스핀을 구사하기에 좋다. 아래쪽 손은 라켓을 직각으로 세워서 잡는 컨티넨탈 그립으로 잡아서 한 손으로 칠 경우 슬라이스, 발리, 드롭 샷 등의 다양한 샷을 구사하기가 좋다.

잡는 요령

위쪽 손 (왼손)
베이스 너클 (그립 위쪽 접촉 부분) ❻
힐 패드 (그립 아래쪽 접촉 부분) ❻~❼

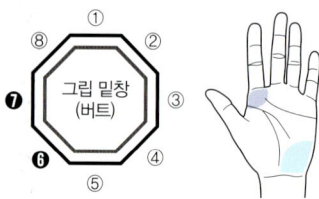

아래쪽 손 (오른손)
베이스 너클 (그립 위쪽 접촉 부분) ❷
힐 패드 (그립 아래쪽 접촉 부분) ❶~❷

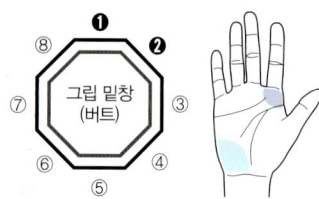

컨티넨탈 그립 (아래쪽 손) – 웨스턴 포핸드 그립 (위쪽 손)

이 그립은 앞의 컨티넨탈 그립 – 세미 웨스턴 그립과 성격이 비슷하나 위쪽 손이 세미 웨스턴 그립보다 조금 더 돌아가 있어서 공의 타점을 조절하기가 쉽지 않기 때문에 초보자에게는 적합하지 않다. 아래쪽 손은 컨티넨탈 그립으로 잡아서 한 손으로 칠 경우 슬라이스, 발리, 드롭 샷 등을 구사하기가 좋다.

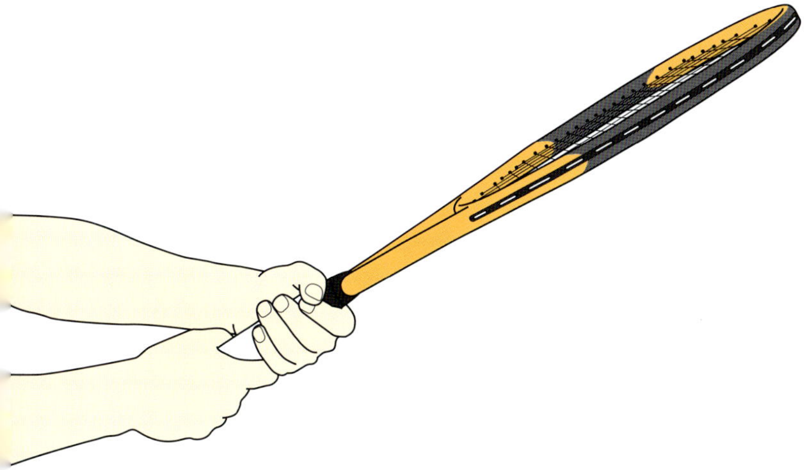

잡는 요령
위쪽 손 (왼손)
베이스 너클 (그립 위쪽 접촉 부분) ❺
힐 패드 (그립 아래쪽 접촉 부분) ❺~❻

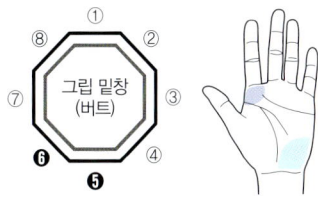

아래쪽 손 (오른손)
베이스 너클 (그립 위쪽 접촉 부분) ❷
힐 패드 (그립 아래쪽 접촉 부분) ❶~❷

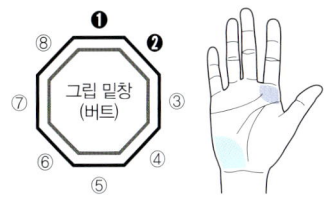

TIP 투핸드 그립의 장점과 단점

장점
- 손목이 약한 사람에게 좋다.
- 스트로크의 종류에 따라 구태여 그립을 바꿀 필요가 없다.
- 각도 있는 샷이나 탑스핀을 구사하기 좋다.
- 몸을 최대한 이용하여 파워를 내기에 좋다.
- 타점이 뒤에 있는 공을 치기에 좋다.

단점
- 몸쪽으로 가까이 다가오는 공이나 사이드로 멀리 떨어진 공을 처리하기 어렵다.
- 네트 플레이에 약하다.
- 슬라이스와 드롭 발리와 같은 다양한 샷을 구사하기 어렵다.

TIP 그립 요약

지금까지 원핸드 그립과 투핸드 그립의 종류와 특징을 알아보았다. 실력에 따라 활용하기 적합한 그립의 기준을 대략적으로 정리하면 다음과 같다.

원핸드 그립 – 포핸드 스트로크
- 초보자   이스턴 포핸드 그립
- 중·상급자   세미 웨스턴 포핸드 그립, 웨스턴 그립

원핸드 그립 – 백핸드 스트로크
- 초보자   이스턴 백핸드 그립
- 중·상급자   세미 웨스턴 그립, 웨스턴 백핸드 그립(웨스턴 포핸드 그립과 동일)

투핸드 그립 – 백핸드 스트로크
- 초보자   이스턴 그립 – 이스턴 그립
       컨티넨탈 그립 – 이스턴 포핸드 그립
- 중급자   이스턴 그립 – 세미 웨스턴 그립
       이스턴 그립 – 이스턴 포핸드 그립
- 상급자   이스턴 백핸드 그립 – 세미 웨스턴 포핸드 그립
       컨티넨탈 그립 – 세미 웨스턴 포핸드 그립

02   테니스 기본 동작

테니스의 기본 동작은 모든 스트로크를 하는데 있어서 공통으로 취하는 자세로 공의 방향과 기술, 자신의 능력과 신체적 조건, 공격 형태 등에 따라서 조금씩 달라질 수 있다. 코트에서의 움직임이 자연스럽게 이루어지면 스트로크의 완성도도 올라가고 체력도 아낄 수 있다.

○ 원핸드 준비 자세

오른손은 포핸드 스트로크를 치기 좋은 그립으로 잡고, 왼손은 라켓의 목 부분을 가볍게 잡아서 오른손의 긴장 완화를 돕는다. 다리는 어깨너비나 그보다 조금 더 넓게 벌리고, 상체는 45도 정도 숙인다. 몸의 중심은 엄지발가락 쪽에 두어 약간 앞으로 가게 한다. 무릎은 살짝 구부려서 탄력을 이용하여 짧게 오는 공이나 옆으로 벗어나는 공을 향해 재빨리 뛰어갈 수 있게 한다.

오른손은 라켓을 너무 꽉 잡지 말고 가볍게 잡는다. 몸을 재빨리 움직일 수 있도록 체중을 엄지발가락 쪽에 두고 준비한다.

투핸드 준비 자세

오른손은 포핸드 스트로크를 치기 쉬운 그립으로 잡고, 왼손은 투핸드 백핸드 스트로크를 치기 쉬운 그립으로 잡는다. 상대로부터 포핸드로 공이 오면 라켓을 잡은 왼손을 그대로 놓으면서 포핸드로 치고, 백핸드로 공이 오면 위쪽에 있는 왼손은 그대로 잡고, 오른손만 시계 반대방향으로 틀어서 백핸드 그립을 잡아주면 된다. 그 외의 자세는 원핸드 준비 자세와 같다.

풋워크

풋워크는 공을 정확하게 치기 위한 발동작으로서, 스트로크를 하는 데 가장 중요한 기술 중의 하나이다. 아무리 그립을 잘 잡고 자세가 좋다 하더라도 올바른 풋워크가 이루어지지 않으면 공을 정확하게 칠 수 없다. 따라서 풋워크를 잘 배우고 자연스럽게 움직일 수 있도록 연습을 많이 해야 한다.

풋워크에서 가장 중요한 세 가지 요소는 공의 코스 파악, 몸의 균형 유지, 중심이동이다. 풋워크는 크게 나누어 스탠스와 스텝이 있는데, 스탠스는 공을 치기 직전의 다리 위치를 말하고, 스텝은 공을 치러 가거나 치고 나서 제자리로 돌아오기 위한 발동작을 말한다. 풋워크를 구성하는 스탠스와 스텝에 대해서 좀 더 자세히 알아보자.

스탠스 Stance

스탠스는 클로즈드, 스퀘어, 오픈 스탠스가 있고, 각 상황에 따라 쓰이는 스탠스가 다르다. 잘 배워서 상황에 따라 자연스럽게 발이 위치할 수 있도록 하자.

❶ 클로즈드 스탠스 Closed Stance

클로즈드 스탠스는 베이스라인 근처에서 앞쪽으로 짧게 날아오는 공을 처리하기 위해서 발을 대각선 앞으로 내미는 동작이다. 스퀘어 스탠스와 같이 가장 기본적인 스탠스로 초보자는 반드시 익혀야 하는 자세이다.

❷ 스퀘어 스탠스 Square Stance

스퀘어 스탠스는 자기 몸쪽으로 다가오는 공을 정면으로 한 발 내밀면서 치는 발동작이다. 포핸드 스트로크일 때는 왼발을 직선(네트)방향으로 백핸드 스트로크일 때는 오른발을 직선(네트)방향으로 내밀어 준다. 이 스탠스는 발을 앞으로 내민 만큼 체중을 앞으로 전달시킬 수 있으므로 클로즈드 스탠스보다 공을 훨씬 강하게 칠 수 있다.

❸ 오픈 스탠스 Open Stance

오픈 스탠스는 양발을 베이스라인과 거의 평행하게 서서 사이드 쪽으로 빠진 발에 체중을 싣고 치는 동작이다. 현대 테니스에서 가장 많이 사용하는 스탠스로서 몸을 최대한 이용하여 공을 강하게 칠 수 있고, 원래 위치로 재빨리 되돌아가기도 좋다. 이 스탠스의 포인트는 바깥쪽으로 내민 발에 체중을 싣고, 그 발을 힘차게 밀어 올리면서 스트로크하는 것이다.

④ 세미 오픈 스탠스 Semi Open Stance

세미 오픈 스탠스는 오픈 스탠스와 더불어 많이 사용하는 스탠스이다. 포핸드나 백핸드 쪽으로 공이 길게 날아오면 오른발이나 왼발을 사진과 같이 뒤로 비스듬히 빼면서 스트로크한다. 비스듬히 뒤로 뺀 발에 체중을 두고, 그 발을 힘차게 위로 밀면서 공을 강하게 친다.

스텝 Step

기본 스텝은 공을 치기 위한 발동작으로서 스플릿, 워킹, 런닝, 적응, 사이드, 백 스텝 등으로 이루어져 있다. 연습을 많이 하여 동작이 자연스럽게 연결될 수 있도록 하자.

❶ 스플릿 스텝 Split Step

일명 홉핑 스텝이라고도 하는데, 이는 가장 기본이 되는 스텝으로서 서브를 제외한 모든 플레이의 준비 동작이다. 지면에 두 발을 가볍게 디디면서 위로 점프하는 동작인데, 너무 높게 뛰지 말고 가볍게 뛰도록 한다. 상대가 공을 치기 직전에 항상 스플릿 스텝이 이루어져야 재빠르게 대응을 할 수 있으므로 습관처럼 할 수 있도록 하자.

준비 자세에서 두 발로 가볍게 제자리를 뛴다. 이때, 발 앞꿈치에 힘을 주고 높게 뛰어오르면 몸을 재빨리 움직일 수 없으므로 지면을 가볍게 두드리듯이 약간만 위로 뛰도록 한다.

❷ 워킹 스텝 Walking Step

스플릿 스텝 이후 첫 번째로 이루어지는 동작으로서 스플릿 스텝 동작과 동시에 오른발(포핸드 스트로크의 경우) 또는 왼발(백핸드 스트로크의 경우)을 옆으로 반 족장 정도 내미는 스텝을 말한다.

스플릿 스텝을 하다가 공이 날아오면 라켓을 비스듬히 옆으로 빼면서 포핸드는 오른발을 옆으로, 백핸드는 왼발을 옆으로 내민다. 공이 오는 방향으로 첫발을 먼저 내민다고 생각하면 쉽다.

❸ **러닝 스텝** Running Step

몸으로부터 먼 공을 치기 위해 달려가는 동작이다. 워킹 스텝으로 잡히지 않는 거리의 공을 큰 걸음으로 달려가는 스텝으로서 스플릿 스텝에서부터 동작이 자연스럽게 이어지는 것이 중요하다.

오른쪽 사이드로 먼 공이 오면, 워킹 스텝으로 오른발을 먼저 빼고 바로 왼발을 크게 내디디면서 공을 향해 달려간다. 이때 라켓은 가볍게 들도록 한다.

❹ 적응 스텝 Adjustment Step

러닝 스텝으로 다가간 후, 공이 낙하하는 지점에 정확히 스텝을 맞추기 위해서 잔걸음으로 거리를 조절하는 발동작이다. 이 때 정확한 스트로크를 위해서 자신과 공의 거리를 잘 맞추는 것이 중요하다. 이 스텝 이후에 클로즈드나 오픈 스탠스를 선택해서 발을 위치시키면 된다.

적응 스텝으로 거리를 조절하다가 마지막에 공의 낙하지점으로 오른발(포핸드) 또는 왼발(백핸드)을 크게 내디디면서 클로즈드나 오픈 스탠스를 한다.

❺ 사이드 스텝 Side Step

공을 치고 제자리로 돌아올 때 사용하는 발동작으로서, 몸은 정면을 향하고 발은 옆으로 모으거나 부딪히면서 돌아오는 동작이다. 이 스텝은 베이스라인 근처나 네트 근처에서 공을 치고 제자리로 돌아올 때 많이 사용하는 동작이다.

포핸드 스트로크를 치고 왼발은 원래 자리로 돌아가기 위해 왼쪽으로 크게 내딛는다. 그다음 오른발을 왼발 가까이 붙이면서 몸의 균형을 잡고 옆으로 이동한다.

PART 2. 테니스 기초 기술

❻ 크로스오버 스텝 Cross-over Step

사이드로 멀리 벗어난 공을 치고 나서 제자리로 빠르게 돌아오기 위한 스텝이다. 돌아오는 쪽으로 바깥쪽 발을 먼저 크게 내딛고 반대 발을 풀면서 사이드 스텝으로 전환한다. 제자리로 돌아가기 위한 거리가 멀면 사이드 스텝으로 돌아오는 데 시간이 오래 걸리고 힘이 들기 때문에 우선 돌아가는 방향으로 크게 한 발을 내딛고 나서 사이드 스텝으로 전환하는 것이다.

바깥쪽에 있는 오른발을 왼발 앞으로 크게 내딛는다. 곧바로 오른발 뒤에 있던 왼발을 이동 방향으로 내밀어 사이드 스텝으로 전환하면서 원래 자리로 돌아간다.

❼ 백 스텝 Back Step

랠리 중에 공이 길게 넘어왔을 때 뒤로 이동하는 스텝으로서 수비 상황에서 많이 사용된다. 주로 베이스라인 뒤에서 안전하게 공을 넘겨야 할 때 사용하는데, 가까운 거리는 사이드 스텝으로 물러나고 먼 거리는 크로스 스텝으로 물러나는 것이 좋다.

사이드 스텝으로 물러나기

뒤로 넘어가는 공을 처리하기 위해 백스윙을 하면서 오른발을 뒤로 뺀다. 그다음 왼발을 오른발에 붙이고 다시 오른발을 뒤로 빼면서 이동한다. 사이드 스텝을 하는 요령과 똑같이 뒤로 이동한다고 생각하면 된다.

크로스 스텝으로 물러나기

이 동작 역시 크로스오버 스텝을 하는 요령과 똑같이 뒤로 이동한다고 생각하면 된다. 공이 포핸드 쪽으로 길게 날아오면, 백스윙 자세를 취하면서 오른쪽 다리를 뒤로 뺀다. 곧바로 왼발을 오른발 앞으로 가져와 엇갈리면서 뒤로 이동한다. 이때 주의해야 할 점은 뒤로 물러나면서 떨어지는 공을 끝까지 보고, 마지막 백스윙 동작에서 체중은 완전히 뒷발에 있어야 한다.

PART 2. 테니스 기초 기술

03 그라운드 스트로크

기본 동작을 배웠다면 이제부터 스트로크에 대해서 알아보자. 그라운드 스트로크는 현대 테니스에서 가장 중심이 되는 기술로서 모든 시합에서 가장 빈도수가 많고 즐겨 사용하는 기술이다. 그라운드 스트로크 중에서도 포핸드 스트로크는 백핸드 스트로크보다 사용빈도가 높아서 반드시 익혀야 하는 기술이다. 백핸드 스트로크는 주로 수비할 때 사용하지만, 상황에 따라 공격으로 사용할 수도 있다. 여기에서는 일반적으로 가장 많이 쓰는 스퀘어 스탠스와 오픈 스탠스로 하는 스트로크 자세를 소개했다.

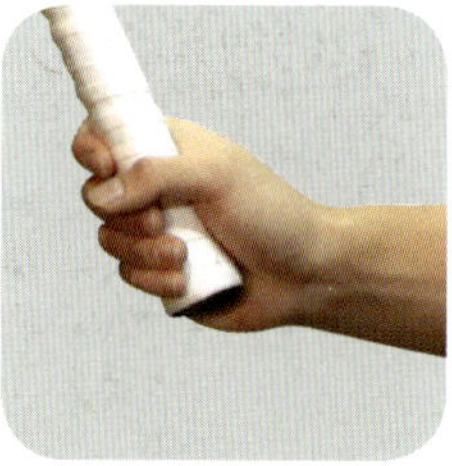

백스윙부터 팔로우스루까지 손목은 뒤로 젖혀진 상태를 유지한다.

체중을 오른발로 옮기면서 축을 만들어준다.

왼발을 앞으로 길게 내딛으면서 체중을 왼발로 이동시킨다.

포핸드 스트로크 Forehand Stroke

포핸드 스트로크는 가장 기본적인 기술로서 백핸드 스트로크보다 배우기도 쉽다. 하지만 시간이 지나 실력이 올라갈수록 어려워지는 것이 포핸드 스트로크이다. 포핸드 스트로크는 상체를 열고 치기 때문에 팔로만 치거나 손목이 흔들리는 경향이 많고 스윙의 기복이 심하다. 그러나 기본기를 탄탄히 하면 포핸드 스트로크만 가지고도 시합을 잘 이끌어 갈 수 있으니 잘 보고 배워보자.

포핸드 스트로크, 플랫 드라이브 (Flat Drive) – 스퀘어 스탠스

손목은 백스윙에서부터 뒤로 젖혀져 있어야 하고 스윙 시 라켓 헤드가 그립보다 뒤에 있어야 한다.

PART 2. 테니스 기초 기술

01 상대가 공을 치기 직전에 준비 자세를 취한다. 이때 상체를 약간 앞으로 숙이고 무릎도 조금 구부린다. 체중은 엄지발가락 쪽에 두고 오른손은 그립을, 왼손은 라켓의 목 부분을 가볍게 잡는다.

02 공이 오면 스플릿 스텝과 동시에 체중을 오른발로 옮기면서 상체를 비스듬히 돌린다. 라켓을 어깨높이로 들면서 왼손은 자연스럽게 앞으로 뻗어주어 몸의 균형을 잡는다.

03 오른발을 축으로 왼발을 앞으로 내밀면서, 라켓을 지면과 수평 상태가 되도록 밑으로 떨어뜨린다. 이때 어깨선은 네트와 수직으로 만들고, 라켓을 든 팔의 팔꿈치는 120도 정도 구부린다. 라켓을 잡은 손목은 최대한 뒤로 젖히고, 왼손은 자연스럽게 들어서 몸의 균형을 잡는다.

04 상체를 회전하면서 체중을 서서히 앞으로 이동시킨다. 이때 라켓 헤드는 플랫으로 치기 위해 지면과 거의 수직 상태를 유지한다. 여기서 주의해야 할 사항은 스윙 시 라켓을 잡은 손목을 계속 뒤로 젖혀서 라켓 헤드보다 그립 버트를 먼저 앞으로 내미는 것이다. 이때 오른팔 상박을 오른쪽 옆구리에 붙여서 내미는 느낌으로 하는 것이 좋다.

PART 2. 테니스 기초 기술

05 임팩트 순간의 라켓 헤드는 그립보다 뒤에 있고 지면과 거의 수직 상태를 유지한다. 이때 오른쪽 팔꿈치를 완전히 펴면 상체의 회전력을 이용하기가 어렵고, 공에 체중을 완전히 전달할 수도 없다. 컨트롤 위주로 볼을 치는 사람이라면 팔을 펴서 쳐도 상관은 없지만, 초보자라면 약간 구부려서 치도록 하자. 타점은 배꼽 높이 정도, 오른쪽 옆구리 앞에서 하는 것이 좋고 시선은 임팩트 위치를 주시한다.

06 팔로우스루는 오른쪽 어깨를 왼쪽 어깨보다 앞으로 내밀고, 라켓 헤드는 계속 지면과 수직 상태를 유지한 채 위로 들어 올린다. 이때 시선은 계속 임팩트 위치를 주시해야 공을 정확하게 타구하고 균형을 잡을 수 있다.

07 체중을 자연스럽게 앞으로 이동시키면서 오른발과 오른쪽 어깨를 동시에 앞으로 내밀어 균형을 잡는다. 라켓 헤드는 왼쪽 어깨높이로 떨어뜨리고 시선은 날아가는 공을 주시한다. 자세가 마무리되면 상대의 다음 공에 대비하여 준비 자세를 취한다.

PART 2. 테니스 기초 기술

포핸드 스트로크, 플랫 드라이브 – 오픈 스탠스

백스윙부터 팔로우스루까지 손목은 뒤로 젖혀진 상태를 유지한다.

체중을 오른발로 옮긴다.

오른쪽 다리를 구부리면서 체중을 밀어올릴 준비를 한다.

오른발로 지면을 차면서
온 힘을 다해 임팩트를
한다.

온 힘을 다해서 임팩트를
하기 때문에 임팩트 이후에
양발이 공중에 뜨게된다.

오른발로 착지한 후
자연스럽게 균형을 잡는다.

PART 2. 테니스 기초 기술

01 상대가 공을 치기 직전에 준비 자세를 취한다. 이때 체중은 앞쪽에 두고 상체와 무릎을 약간 구부린다. 왼손은 가볍게 라켓의 목 부분을 잡아서 오른손의 부담을 덜어준다.

02 공이 오면 스플릿 스텝과 동시에 오른발을 옆으로 내딛으면서 체중을 싣는다. 상체를 오른쪽으로 비스듬히 틀면서 라켓 헤드를 오른쪽 어깨 위로 들어 올린다.

03 어깨선은 네트와 수직 상태를 유지하고 라켓 페이스는 뒤쪽 벽을 향한다. 이때 라켓을 잡은 팔의 팔꿈치는 120도 정도 구부리고 손목을 뒤로 완전히 젖힌다.

04 어깨 위로 들었던 라켓 헤드를 밑으로 떨어뜨리고, 체중을 실은 오른발로 지면을 힘차게 밀어 올리면서 닫혀 있던 상체를 비스듬히 앞으로 열어준다. 이때 라켓의 그립 버트가 정면을 향하도록 오른쪽 손목은 계속 뒤로 젖혀져 있어야 한다.

PART 2. 테니스 기초 기술

05 팔꿈치는 구부러진 상태를 유지하고 라켓 헤드는 지면과 거의 수직 상태를 만든다. 체중은 오른발에 유지하고, 손목은 뒤로 젖혀서 공을 강하고 견고하게 칠 수 있도록 한다. 임팩트는 몸의 오른쪽 옆구리 앞에서 이루어지도록 한다.

06 오른발로 지면을 차면서 온 힘을 실어 스트로크를 하기 때문에 임팩트 직후에는 두 발이 공중에 떠 있는 상태가 된다. 이때 오른쪽 어깨는 더 앞으로 나가면서 스윙에 힘을 싣는다. 손목은 뒤로 젖힌 상태를 유지하고, 팔꿈치는 약간 구부린다.

07 오른발로 착지한 후 자연스럽게 균형을 잡는다. 이때 오른쪽 어깨는 네트와 거의 수직이 되도록 돌려주고 라켓 헤드는 왼쪽 어깨 근처로 떨어뜨린다.

PART 2. 테니스 기초 기술

포핸드 스트로크의 응용

❶ 포핸드 스트로크 탑스핀 드라이브 – 스퀘어 스탠스

탑스핀 드라이브는 공을 밑에서 위로 올리면서 길게 치는 타법이다. 탑스핀이 걸린 공은 포물선을 그리면서 나아가기 때문에 네트에 잘 걸리지 않고 안전하게 공을 넘길 수 있다. 일반적으로 많이 사용하는 스퀘어 스탠스 탑스핀 드라이브를 배워보자.

01

공이 오면 어깨는 네트와 수직이 되게 하고 라켓 헤드는 뒤쪽 벽을 향하게 한다. 왼손은 오른손과 함께 뒤로 가져가다가 백스윙이 거의 마무리될 때 자연스럽게 앞으로 내밀면서 공을 가리킨다. 이때 오른쪽 팔꿈치는 120도 정도 구부리는 것이 좋고 손목은 뒤로 젖힌다.

02

오른쪽 어깨를 약간 밑으로 내리면서 라켓 헤드를 아래로 떨어뜨린다. 이때 손목은 힘을 빼고 뒤로 젖힌 상태를 유지한다. 왼손은 앞으로 내밀어 몸의 균형을 잡고 체중은 서서히 앞으로 이동시킨다.

03

체중을 앞으로 이동시키면서 포워드 스윙을 한다. 상체를 앞으로 열면서 라켓 헤드는 공에 탑스핀을 주기 위해 밑으로 떨어뜨린 상태를 유지한다. 이렇게 해야 자연스럽게 라켓의 스윙 궤도가 아래에서 위로 향하면서 공에 탑스핀이 걸린다.

04

임팩트 시 상체는 완전히 정면을 향하고 오른쪽 팔꿈치는 구부러진 상태를 유지한다. 이때 라켓 헤드가 사진과 같이 앞으로 약간 누워 있어야 탑스핀이 잘 걸린다.

05

오른쪽 어깨는 스윙 방향으로 회전하면서 왼쪽 무릎을 자연스럽게 세운다. 라켓 헤드는 앞으로 눕혀진 상태를 유지하면서 위로 들어 올린다.

06

어깨가 네트와 거의 수직이 되도록 회전하고 체중을 앞으로 완전히 옮긴다.

❷ 포핸드 스트로크 언더스핀 드라이브 – 스퀘어 스탠스

언더스핀 드라이브는 슬라이스라고도 부르는데, 타구한 공은 역회전이 걸려서 낮게 깔리고 바운드도 작게 되는 것이 특징이다. 언더스핀 드라이브는 주로 수비 상황에서 사용하고, 가끔 전술적으로 사용하기도 하는 기술이다. 잘 구사하면 상대방의 공격을 효과적으로 막을 수가 있으니 확실하게 익힐 수 있도록 하자.

01

공이 오면 라켓을 위로 올려서 공을 밑으로 내려칠 준비를 한다. 슬라이스는 탑스핀과는 반대로 위에서 밑으로 내려쳐야 스핀이 잘 걸리기 때문에 백스윙 때 라켓을 약간 위로 들어 올리도록 한다.

02

상체를 앞으로 열면서 라켓 헤드를 아래로 떨어뜨리기 시작한다. 이때 오른발에 있던 체중을 서서히 앞으로 이동시킨다.

03

상체를 계속 열면서 라켓 페이스를 약간 위로 열고 공을 깎을 준비를 한다. 이때 뒤로 젖힌 상태를 유지한다.

04

임팩트 때 가슴은 완전히 정면을 향하고, 손목과 팔꿈치는 계속 구부린 채로 라켓 페이스를 약간 열어서 공을 맞힌다.

05

라켓을 그대로 앞으로 밀고, 라켓 페이스는 완전히 위로 열어서 하늘 방향을 보게 한다.

06

가슴은 완전히 정면을 보게 하고, 라켓 페이스는 하늘 방향을 향한 채로 위로 들어 올려 마무리한다.

포핸드 스트로크의 포인트

❶ 포핸드 스트로크의 그립별 타점 위치를 확인하자

타점의 위치가 잘못되면 공이 네트를 제대로 넘지 못하거나 의도하지 않은 방향으로 날아가기도 한다. 포핸드 스트로크를 할 때, 많이 사용하는 그립의 타점이 어디에서 이루어지는지 확인하자.

1 이스턴 포핸드 그립의 타점 위치

2 세미 웨스턴 포핸드 그립의 타점 위치

3 웨스턴 포핸드 그립의 타점 위치

1 이스턴 포핸드 그립의 타점 위치

이스턴 포핸드 그립은 가장 기본이 되는 그립으로서 왼발 맞은편 배꼽 높이에서 공을 임팩트하는 것이 이상적이다. 임팩트 시 라켓 헤드가 허리 높이 정도를 지나가야 공을 강하게 칠 수가 있다.

2 세미 웨스턴 포핸드 그립의 타점 위치

세미 웨스턴 포핸드 그립은 가슴 앞에서 공을 임팩트하는 것이 가장 이상적이다. 가슴보다 아래쪽에서 공을 임팩트를 하면 라켓 헤드가 눕혀진 상태로 맞아서 공이 네트에 걸릴 가능성이 크고, 힘도 잘 실리지 않는다.

3 웨스턴 포핸드 그립의 타점 위치

웨스턴 포핸드 그립은 어깨 앞에서 공을 임팩트한다. 만약 임팩트가 늦거나 낮은 높이에서 공을 친다면 라켓 헤드가 눕혀진 상태로 맞기 때문에 공이 네트에 걸리게 된다.

❷ 백스윙 시 양손의 밸런스가 잘 잡혀 있어야 한다

포핸드 스트로크 시 양손 밸런스가 잡히지 않으면 몸의 균형이 깨져서 공에 힘을 잘 실을 수 없고, 다음 동작으로 자연스럽게 이어지지 않는다. 균형을 잘 잡고 몸을 최대한 활용해서 스트로크할 수 있도록 하자.

포핸드 스트로크의 백스윙 OK

백스윙할 때 양손의 밸런스를 잘 잡기 위해 왼손을 앞으로 내밀어서 날아오는 공을 가리키면 좋다. 시선은 공을 향하고 어깨는 어느 한 쪽으로 기울이지 않고 수평을 유지한다.

포핸드 스트로크의 백스윙 NG

백스윙 시 왼손이 너무 아래로 처져 있으면 몸의 균형이 잡히지 않아서 스윙 시 힘을 제대로 실을 수 없다. 또한, 왼손을 너무 지나치게 위로 올려서도 안 된다. 이 역시 몸의 균형이 맞지 않고 스윙이 위로 진행되기 때문에 공이 높이 뜨게 된다.

❸ 포핸드 스트로크는 임팩트 이후, 팔꿈치와 손목 각도가 그대로 유지되어야 한다

많은 사람이 실수하는 부분이 바로 팔꿈치와 손목 각도이다. 자세 설명에서도 계속 강조했듯이 팔꿈치와 손목 각도는 스윙 시작부터 끝까지 계속 유지해 주어야 한다.

포핸드 스트로크는 백스윙부터 피니시까지 손목과 팔꿈치의 각도를 유지하도록 한다. 만약 임팩트 때 손목이 펴지면 온몸이 아닌 팔로만 스윙을 하게 되어 파워를 낼 수가 없다.

> **TIP 스핀 만들기**
>
> 스핀은 공에 회전을 거는 기술로서, 게임을 운영하는 핵심 요소라 해도 과언이 아니다. 공을 안정적으로 치거나 각을 만들어 코트 밖으로 상대를 뛰게 하는 것도 모두 스핀의 역할이다. 스핀의 종류로는 탑스핀, 플랫, 언더스핀 또는 슬라이스, 사이드스핀이 있고 각 스핀별 특징은 아래와 같다.
>
>

탑스핀 Top Spin
라켓 페이스로 공을 아래에서 위로 감아올리듯이 스핀을 주는 타법이다. 스윙 궤도는 아래에서 위로 이루어지고 라켓 페이스는 약간 앞으로 기울인 상태로 임팩트한다. 탑스핀 상태에 있는 공은 일반 무회전 공보다 정점에서 급격하게 떨어진다. 따라서 낙하 속도가 빠르고, 바운드된 공은 반발력이 심하기 때문에 상대가 받기 어렵다.

플랫 Flat
라켓 페이스로 공을 직각으로 맞히는 타법으로 회전이 걸리지 않고 강하게 날아가는 장점이 있지만, 네트에 걸리거나 아웃이 될 수 있는 단점도 있다. 스윙 궤도는 거의 일직선으로 이루어지다가 팔로우스루에서 약간 높아진다. 임팩트 시 라켓 페이스가 지면과 수직이 되기 때문에 공에 맞는 면적이 넓다.

언더스핀 Under spin 또는 슬라이스 Slice
탑스핀과 반대로 위에서 아래로 비껴 내리면서 공을 깎아 치듯이 스핀을 주는 타법이다. 어깨 위에서부터 백스윙이 이루어져 그대로 내리면서 임팩트를 하는데, 이때 라켓 페이스를 열어 공에 역스핀을 준다. 언더스핀 상태에 있는 공은 낮게 깔리면서 날아가고, 바운드가 높지 않기 때문에 상대가 공격하기 어렵다.

※탑스핀과 드라이브는 다르다
일반적으로 탑스핀과 드라이브를 혼동하는 경우가 많은데, 스핀은 공에 회전을 주는 것을 말하고 드라이브는 공을 길게 보내는 것을 말한다. 공을 앞으로 감아서 길게 치면, 탑스핀 드라이브, 뒤로 깎아서 길게 치면 언더스핀 드라이브, 공에 회전을 주지 않고 직선으로 길게 치면 플랫 드라이브라고 한다.

포핸드 스트로크 연습법

포핸드 스트로크는 공격과 수비 등 다양한 상황에서 쓰인다. 모든 기술에서 가장 기본이 되기 때문에 다음과 같은 방법을 통해 연습을 많이 하도록 하자.

❶ 포핸드 스트로크 1인 연습법

선수는 서비스라인 뒤에 서서 공을 어깨높이 정도에서 떨어뜨린다. 공이 바운드되어 튀어 오르면 직선으로 멀리 쳐서 넘긴다. 이때 공은 네트 위로 1m 이상 뜨게 하고, 상대 코트의 베이스라인 가까이로 깊숙이 치는 것이 좋다. 플랫이나 탑스핀, 슬라이스 등 다양한 구질의 공을 섞어서 치도록 한다.

03 상대에게 등이 보일 정도로 상체를 틀면서 백스윙을 한다. 라켓 헤드는 왼쪽 어깨높이를 유지하고, 오른발을 대각선 앞으로 크게 내민다.

04 왼발에 있던 체중을 서서히 앞으로 이동시키면서 상체를 열고 왼손은 자연스럽게 라켓을 놓는다. 이때 라켓 헤드는 지면과 수직이 되게 만드는데, 손목 각도를 그대로 유지해서 라켓의 그립 버트를 앞으로 먼저 내밀어 주어야 한다. 손목 각도가 유지되지 않고 라켓 헤드를 먼저 내밀어서 치면 공에 파워가 실리지 않고 정확성이 떨어진다.

PART 2. 테니스 기초 기술

05 임팩트 때 상체는 비스듬히 정면을 향하고 무릎은 구부린 상태를 유지한다. 이때 체중을 완전히 오른발로 이동시키면서 오른팔을 편다. 라켓 헤드는 지면과 수직을 유지하고 오른발의 약 30cm 정도 앞에서 임팩트가 이루어지도록 한다.

06 임팩트 이후, 가슴은 비스듬히 정면을 향하고 라켓 페이스를 위로 들어 올린다. 이때 왼팔을 뒤로 뻗어서 몸의 균형을 잡고 무릎을 편다.

07 피니시 자세로서 상체는 완전히 정면을 향하고 라켓 헤드는 머리 위로 들어 올린다. 뒤쪽에 있는 왼발을 자연스럽게 앞쪽으로 당기거나 내밀면서 몸의 균형을 잘 잡아준다.

PART 2. 테니스 기초 기술

원핸드 백핸드 스트로크, 플랫 드라이브 – 오픈 스탠스

상체를 완전히 돌리고
오른쪽 어깨 너머로 공을 쳐다본다.
체중은 왼발에 둔다.

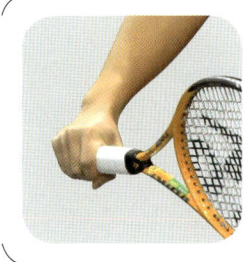

라켓 면보다 그립 부분이 먼저 앞으로 나가야 한다.

왼쪽 허벅지 약 30cm 정도 앞에서 공을 임팩트한다.

왼발로 힘차게 지면을 차면서 임팩트한다. 이때 라켓을 위로 힘차게 밀어올린다.

왼발로 착지한 후 자연스럽게 균형을 잡는다.

PART 2. 테니스 기초 기술

01 상대가 공을 치기 직전에 준비 자세를 취한다. 상체와 무릎은 자연스럽게 구부리고, 중심은 앞으로 이동시킨다. 이때 왼손은 라켓 목을 가볍게 잡고 그립은 좀 느슨하게 잡아서 백핸드 쪽으로 전환하기 좋게 한다.

02 공이 오면 스플릿 스텝과 동시에 상체를 비스듬히 왼쪽으로 틀면서 왼발을 왼쪽으로 옮긴다. 이때, 라켓 헤드는 왼쪽 어깨높이에 위치하고 체중도 왼쪽으로 옮겨준다.

03 왼발은 베이스라인과 나란히 수평을 유지하고, 상대방에게 등이 보일 정도로 상체를 틀면서 라켓 헤드가 뒤쪽 펜스를 향하도록 라켓을 뒤로 뺀다. 이때 왼발에 체중을 실어 지면을 차면서 공을 칠 준비를 한다.

04 체중을 실은 왼발로 지면을 힘차게 차면서 임팩트한다. 이때 상체를 비스듬히 앞으로 열면서 무릎은 구부린 상태를 유지한다. 라켓은 지면과 거의 수평이 되어야 하고 라켓을 든 팔의 팔꿈치는 펴져 있어야 한다. 임팩트는 왼쪽 가슴 앞쪽에서 이루어지면 좋다.

PART 2. 테니스 기초 기술

05 팔로우스루는 온 힘을 다해 지면을 차면서 임팩트를 하기 때문에 몸이 자연스럽게 뜨게 된다. 무릎을 자연스럽게 펴고 손목 각도는 그대로 유지하면서 스윙한다.

06 왼발로 착지한 후 자연스럽게 균형을 잡는다. 가슴은 정면을 향하고 라켓 헤드는 머리 위로 들어 올리면서 피니시 한다.

원핸드 백핸드 스트로크의 응용

❶ 원핸드 백핸드 스트로크 탑스핀 드라이브 – 클로즈드 스탠스

원핸드 백핸드 스트로크 탑스핀 드라이브는 백핸드로 탑스핀을 걸어서 길게 치는 타법이다. 타구한 공은 네트 위로 포물선을 그리면서 지면에 떨어지므로 매우 안정된 스트로크를 구사할 수 있다. 실제 시합에서 많이 사용되므로 동작을 잘 보고 배워보자.

01

공이 오면 무릎을 약간 굽히면서 라켓 헤드가 왼쪽 어깨 정도에 위치하도록 뒤로 뺀다. 이때 상대방에게 등이 보일 정도로 상체를 돌리고 오른발을 앞으로 내밀면서 공을 칠 준비를 한다.

02

라켓을 밑으로 떨어뜨리면서 포워드 스윙을 한다. 이때 주의해야 할 사항은 손목에 힘을 빼고 라켓 헤드를 급격하게 밑으로 떨어뜨리는 것이다. 이렇게 해야 라켓을 밑에서 위로 올리면서 공에 탑스핀을 걸 수 있다.

PART 2. 테니스 기초 기술

03

임팩트 때는 라켓을 앞으로 약간 눕혀서 탑스핀을 치기 쉽게 만들고, 무릎은 계속 구부린 상태를 유지한다. 오른쪽 팔꿈치는 완전히 펴고 시선은 끝까지 공을 주시한다. 임팩트는 오른발 약 30cm 앞에서 하는 것이 좋다.

04

임팩트 이후, 가슴은 비스듬히 정면을 향하고 무릎을 편다. 왼팔은 뒤로 뻗어 몸의 균형을 잡고 라켓 헤드는 앞으로 눕힌 상태를 유지하면서 가슴 높이에서 힘차게 앞으로 뻗어 올린다.

05

가슴은 정면을 향하고, 라켓 페이스는 위쪽을 바라보도록 눕혀서 오른쪽 어깨 위로 들어 올린다. 이때 체중은 완전히 앞에 두고 동작을 마무리한다.

❷ 원 핸드 백핸드 스트로크 언더스핀 드라이브 – 클로즈드 스탠스

포핸드 언더스핀 드라이브와 마찬가지로 공에 역회전을 주는 것으로 타구한 공은 지면에 낮게 깔리고 바운드가 작게 되는 것이 특징이다. 주로 수비 상황에서 많이 사용하므로 잘 익힐 수 있도록 하자.

01

공이 오면 라켓 헤드를 왼쪽 어깨 위로 높이 들어 백스윙을 한다. 상체는 상대에게 등이 보일 정도로 완전히 틀고 시선은 오른쪽 어깨 너머로 공을 주시한다. 이때 오른쪽 어깨가 왼쪽 어깨보다 더 낮춰져야 라켓을 위에서 밑으로 내려 역스핀을 주기가 좋다.

02

공을 치기 위해 상체를 앞으로 열면서 라켓을 밑으로 급격히 떨어뜨린다. 이때 라켓은 지면과 수평 상태를 유지하고 라켓 페이스를 열기 시작한다.

03

임팩트 때 라켓 페이스를 위로 열면서 공에 역스핀을 준다. 스윙 궤도는 어깨 위에서 배로 내려 온다고 생각하면 된다.

04

임팩트 이후, 가슴을 열고 라켓 헤드를 앞으로 힘차게 뻗으면서 스윙한다. 이때, 라켓 헤드는 가슴 높이를 유지하고 왼팔은 뒤로 뻗어 균형을 잡는다. 라켓 페이스의 손등 면은 위쪽을 향해야 한다.

05

피니시 자세로서 가슴은 완전히 정면을 향하고 라켓 헤드를 어깨높이로 들어 올린다. 왼팔은 계속 뒤로 뻗어 균형을 잡는다. 이상적인 언더스핀 드라이브는 공이 네트 위로 낮게 넘어가서 상대 베이스라인 가까이로 깊숙이 뻗어 나가야 한다. 공이 네트 위로 높이 뜨면 상대에게 공격을 당하거나 아웃이 되기 쉽다.

PART 2. 테니스 기초 기술

원핸드 백핸드 스트로크의 포인트

❶ 원핸드 백핸드 스트로크의 그립별 타점 위치를 확인하자

백핸드 스트로크의 정확한 임팩트를 위해서 많이 사용하는 그립의 타점을 확인하도록 하자.

1 이스턴 백핸드 그립의 타점 위치

2 세미 웨스턴 백핸드 그립의 타점 위치

3 웨스턴 백핸드 그립의 타점 위치

1 이스턴 백핸드 그립의 타점 위치

포핸드 스트로크와 마찬가지로 이스턴 백핸드 그립의 경우 오른발 약 30cm 앞에서 공을 임팩트한다.

2 세미 웨스턴 백핸드 그립의 타점 위치

세미 웨스턴 백핸드 그립의 경우 오른쪽 가슴 약 30cm 앞에서 공을 임팩트한다.

3 웨스턴 백핸드 그립의 타점 위치

웨스턴 백핸드 그립은 오른쪽 어깨 앞에서 임팩트한다.

❷ **원핸드 백핸드 스트로크는 몸의 균형이 중요하다**

원핸드 백핸드 스트로크는 포핸드 스트로크와 마찬가지로 왼손을 뻗어서 몸의 균형을 잡는 것이 중요하다. 자세를 체크하고 올바른 동작을 익히도록 하자.

백스윙 NG

백스윙 시 라켓 목을 잡은 왼손이 미리 떨어져 있으면 안 된다. 사진과 같이 왼손을 미리 떨어뜨리고 스윙을 하면 몸의 균형이 맞지 않고, 공을 치기 전에 먼저 오른팔에 힘이 들어가기 때문에 강하게 칠 수가 없다. 공을 치기 전에는 라켓 목을 왼손으로 잡아서 오른손의 부담을 덜어주고, 임팩트 때는 상체가 리드되면서 라켓으로 힘차게 스윙해야 한다.

피니시 OK

테니스 동호인들이 원핸드 백핸드 스트로크에서 가장 안 되는 것 중의 하나가 바로 피니시 자세이다. 사진과 같이 체중을 오른발에 두고 왼팔을 뒤로 뻗어야 몸의 균형이 잡혀서 힘 있게 스윙이 되고 다음 자세로 재빨리 돌아갈 수 있다.

피니시 NG

사진과 같이 임팩트 이후에 체중이 왼발에 치우쳐 있으면 공에 체중을 전달할 수 없어서 파워가 부족하고, 스윙 궤도가 위로 이루어져서 공이 위로 뜰 수가 있다.

원핸드 백핸드 스트로크 연습법

테니스를 처음 배운다면 백핸드 스트로크가 포핸드 스트로크에 비해 어렵게 느껴질 것이다. 하지만 익숙해진다면 포핸드 스트로크보다 쉽게 할 수 있는 것이 바로 백핸드 스트로크다. 다음에 소개된 방법으로 백핸드 스트로크가 익숙해지도록 연습해보자.

❶ **원핸드 백핸드 스트로크 1인 연습법**

선수는 서비스라인 뒤에 서서 왼손으로 공을 오른발 약 30cm 앞으로 던져 올린다. 그다음 바운드된 공을 백스윙으로 힘차게 쳐서 상대 코트로 넘긴다. 공을 칠 때 자세를 잘 생각하며 신중하게 하도록 타구한다.

❷ **원핸드 백핸드 스트로크 2인 연습법**

코치는 3~4m 정도의 거리에서 밑에서 위로 공을 던져준다. 선수는 코치가 던진 공을 네트 너머로 멀리 쳐서 넘긴다. 이때 선수는 등을 완전히 돌린 상태로 타점이 오른발 약 30cm 앞에서 맞도록 노력한다.

PART 2. 테니스 기초 기술

● 투핸드 백핸드 스트로크 Two-hand Backhand Stroke

투핸드 백핸드 스트로크는 원핸드 백핸드 스트로크에 비해 다양한 스핀을 구사하지 못하고 리치가 짧은 단점이 있다. 하지만 상체 회전을 충분히 이용하여 공을 강하게 칠 수 있고, 자신이 원하는 방향으로 공을 컨트롤하기가 좋아 매우 유용하게 사용된다.

투핸드 백핸드 스트로크, 플랫 드라이브 – 스퀘어 스탠스

왼발을 축으로 오른쪽 어깨를 틀면서 네트와 수직이 되게 한다.

오른발을 앞으로 내딛는다.

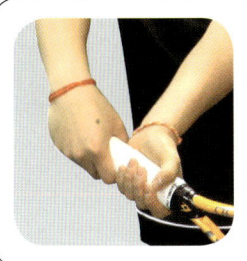

스윙할 때는 그립 버트가 먼저 앞으로 나오도록 한다.

오른발로 체중을 이동하면서 스윙을 시작한다.

오른발 약 30cm 정도 앞에서 공을 임팩트한다.

왼발을 자연스럽게 앞으로 당기면서 몸의 균형을 잡는다.

PART 2. 테니스 기초 기술

01 상대가 공을 치기 직전에 준비 자세를 취한다. 오른손은 포핸드 스트로크를 하기 좋은 그립으로 잡고 왼손은 투핸드 백핸드 스트로크를 하기 좋은 그립으로 잡는다. 공이 포핸드 방향으로 오면 왼손은 라켓을 놓고 오른손으로만 포핸드 스트로크를 하고, 백핸드 방향으로 날아오면 왼손은 그대로 잡고 오른손만 백핸드 스트로크를 치기 좋게 바꿔서 잡으면 된다.

02 공이 오면 스플릿 스텝과 동시에 상체를 돌려 어깨선이 네트와 수직이 되게 한다. 이때 라켓 헤드는 왼쪽 어깨 밑으로 오도록 한다. 체중은 왼발로 옮기고 오른발을 앞으로 내밀 준비를 한다.

03 상대방에게 자신의 등이 보일 정도로 상체를 더 돌리고 오른발을 앞으로 내민다. 이때 라켓 헤드는 뒤쪽 벽을 향하고 시선은 오른쪽 어깨 너머로 공을 주시한다.

04 상체를 열면서 체중을 앞으로 이동시키기 시작한다. 이때 상체를 먼저 회전시켜서 그립 버트가 라켓 헤드보다 먼저 앞으로 나와야 한다.

PART 2. 테니스 기초 기술

05 임팩트 때, 라켓 헤드는 지면과 수직 상태를 유지하고 무릎은 약간 굽힌 상태를 유지한다. 오른발 약 30cm 정도 앞에서 공을 임팩트하고 상체의 힘을 공에 최대한 반영시킨다.

06 팔로우스루 동작으로서 가슴은 정면을 향하고 라켓을 힘차게 위로 뻗어 올린다.

07 라켓 헤드는 오른쪽 어깨 너머로 완전히 넘기고, 왼발을 앞으로 당겨 몸의 균형을 잡는다.

투핸드 백핸드 스트로크, 플랫 드라이브 – 오픈 스탠스

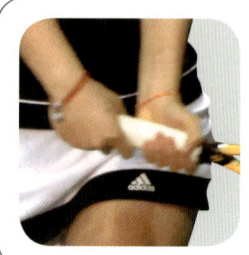

스윙할 때는 그립 버트가 먼저 앞으로 나오도록 한다.

왼발에 체중을 모으면서 축을 만들고 상체를 틀어준다.

상체를 완전히 돌리고 오른쪽 어깨 너머로 공을 쳐다본다.

왼발로 지면을 힘차게 차면서 공에 파워를 싣는다.

왼쪽 허벅지 약 30cm 정도 앞에서 공을 임팩트한다.

왼발로 힘차게 지면을 차면서 임팩트한다. 이때 라켓을 위로 힘차게 밀어올린다.

왼발로 착지한 후 자연스럽게 균형을 잡는다.

PART 2. 테니스 기초 기술

01 공이 오면 스플릿 스텝과 동시에 상체를 옆으로 돌리면서 라켓 헤드를 비스듬히 뒤로 뺀다. 이때 체중은 왼발에 실어준다.

02 상체를 완전히 틀면서 라켓 헤드가 뒤쪽 벽을 향하도록 백스윙한다. 이때 체중을 실은 왼발로 힘차게 지면을 밀어 올릴 준비를 한다. 시선은 오른쪽 어깨 너머로 공을 주시한다.

03 왼발을 축으로 상체를 앞으로 열면서 라켓의 그립 버트가 헤드보다 앞으로 나가도록 한다.

04 체중을 실은 왼발로 지면을 힘차게 밀어 올리면서 두 팔을 완전히 펴고 몸 앞에서 공을 맞힌다.

PART 2. 테니스 기초 기술

05 왼발에 체중을 실은 상태에서 지면을 힘차게 밀어 점프를 한다. 이때 공에 스핀을 주지 않고 직선 방향으로 길게 밀어준다.

06 왼발로 착지하면서 자연스럽게 균형을 잡는다. 가슴은 완전히 정면을 향하고 라켓 헤드는 오른쪽 어깨 너머로 넘겨서 동작을 마무리한다.

투핸드 백핸드 스트로크의 응용

❶ 투핸드 백핸드 스트로크, 탑스핀 드라이브 – 클로즈드 스탠스

투핸드 백핸드 스트로크 탑스핀 드라이브는 양손 타법으로 인해서 공에 스핀을 걸기가 용이하고, 공이 네트 위로 포물선을 그리면서 지면에 떨어지므로 매우 안정된 스트로크를 구사할 수 있다. 시합에서 사용빈도가 높은 클로즈드 스탠스 탑스핀 드라이브를 익혀보자.

01

공이 오면 스플릿 스텝과 동시에 오른발을 대각선 방향으로 크게 내딛는다. 오른쪽 어깨는 턱에 닿을 정도로 돌리고, 라켓이 왼쪽 어깨보다 높지 않도록 뒤로 뺀다.

02

탑스핀을 치기 위해서 라켓 헤드를 급격히 밑으로 떨어뜨리면서 앞으로 내밀 준비를 한다. 라켓 헤드를 밑으로 떨어뜨릴 때는 손목에 힘을 완전히 뺀다.

03

항상 포워드 스윙에서는 손목 각도를 유지하여 라켓 헤드보다 그립 버트를 먼저 내밀도록 한다. 헤드가 먼저 나오면 상체 회전력을 이용하지 못하고 팔로만 치기 때문에 공을 강하게 칠 수 없다.

PART 2. 테니스 기초 기술

04

탑스핀을 치기 위해 라켓 헤드를 앞으로 약간 기울여서 임팩트한다. 이때 타점은 오른발 약 30cm 앞이 좋다.

05

임팩트 이후, 오른쪽 무릎을 펴면서 라켓을 위로 뻗어 올린다. 이때, 체중을 오른발로 옮기고 왼발을 앞으로 당기면서 몸의 균형을 잡는다.

06

체중을 완전히 앞으로 이동시키고 뒷발은 자연스럽게 앞으로 끌고 나온다. 라켓 헤드는 완전히 오른쪽 어깨 너머로 넘긴다.

투핸드 백핸드 스트로크의 포인트

❶ 투핸드 백핸드 스트로크의 그립별 타점 위치를 확인하자

투핸드 백핸드 스트로크의 정확한 임팩트를 위해 많이 사용하는 그립의 타점 위치를 확인하자.

1 왼손을 이스턴 그립으로 잡았을 경우

투핸드 백핸드 스트로크를 할 때, 왼손을 이스턴 그립으로 잡았다면 배꼽 앞에서 임팩트가 되어야 한다.

1 왼손을 이스턴 그립으로 잡았을 경우

2 왼손을 세미 웨스턴이나 웨스턴 그립으로 잡았을 경우

투핸드 백핸드 스트로크를 할 때, 왼손을 세미 웨스턴 또는 웨스턴 그립으로 잡았다면 가슴 앞에서 임팩트가 되어야 공이 정확하게 날아간다.

2 왼손을 세미 웨스턴이나 웨스턴 그립으로 잡았을 경우

PART 2. 테니스 기초 기술

❷ 투핸드 백핸드의 양팔 모양

투핸드 백핸드 스트로크를 할 때는 양팔을 펴서 쳐도 좋고, 구부려서 쳐도 좋다. 자신에게 더 편한 쪽으로 자세를 잡도록 하자.

1 양팔 모양이 오각형인 경우
(양팔을 구부려서 치는 경우)

2 양팔 모양이 삼각형인 경우
(양팔을 펴면서 치는 경우)

PART 3. 테니스 기술 샷

01 테니스 기술

기본적인 포핸드와 백핸드 스트로크를 익혔다면 좀 더 다양한 기술을 배워보자. 테니스의 기술 샷은 어프로치 샷, 드롭 샷, 로브, 패싱 샷, 발리, 바디 샷, 스매시 등이 있다. 각각의 기술들을 잘 보고 연습하여 실전에서 사용할 수 있도록 하자.

◯ 어프로치 샷 Approach Shot

어프로치 샷은 랠리 중에 네트 앞으로 전진하면서 치는 샷이다. 네트 플레이를 하기 위해서는 필수적으로 갖춰야 할 기술로서 상대로부터 짧은 공이 들어왔을 때나, 네트를 점령하여 상대를 공략할 때 사용한다. 어프로치 샷을 할 때는 역공을 당하지 않기 위해 공을 깊숙이 치고 들어가야 하므로 신중하게 처리하도록 한다. 네트 플레이를 하고 나서는 자신이 커버링할 위치를 잘 선정해야 한다.

포핸드 어프로치 샷 Forehand Approach Shot

포핸드 쪽으로 짧은 공이 왔을 때, 포핸드 플랫 드라이브로 깊숙이 치고 들어가는 동작이다. 일반적으로는 플랫으로 치지만, 상대의 상황에 따라서 슬라이스로 치고 들어가기도 한다.

01

포핸드 쪽으로 짧은 공이 오면 스플릿 스텝과 동시에 상체를 오른쪽으로 틀면서 라켓을 들어 올린다. 이때 체중은 오른발에 두고 왼발을 앞으로 내밀 준비를 한다.

02

왼발을 앞으로 크게 내밀면서 체중을 앞으로 이동시킨다. 이때 공의 바운드 지점을 잘 파악하고 백스윙을 시작한다.

03

어깨를 틀면서 앞으로 나간다. 이때 날아오는 공의 바운드 위치를 잘 파악하자.

PART 3. 테니스 기술 샷

04

임팩트 위치를 잡고 자세를 낮춰서 스윙한다. 이때 낮은 공은 최대한 무릎을 낮추고, 라켓을 아래에서 위로 올리면서 스윙한다. 반면, 높은 공은 라켓을 공과 같은 높이로 백스윙해서 직선 방향으로 스윙하는 것이 좋다. 공은 라켓의 스윙 방향으로 날아가기 때문에 높은 공이라 해도 위에서 아래로 내려치면 네트에 걸릴 확률이 많다.

05

공을 치고 난 후, 오른쪽 어깨는 완전히 정면을 향하고 라켓 헤드를 왼쪽 어깨 밑으로 떨어뜨린다. 체중은 왼발로 옮기고 시선은 공을 주시한다.

06

피니시 자세로서, 뒤쪽에 있던 오른발을 자연스럽게 앞으로 내밀어 몸의 균형을 잡는다. 스윙 후에는 재빨리 원래 위치로 돌아가서 상대의 다음 공을 대비하자.

TIP 포핸드 슬라이스 어프로치 샷은 포핸드 스트로크 슬라이스와 같은 타법으로 달려가면서 치면 된다.

백핸드 어프로치 샷 Backhand Approach Shot

백핸드 쪽으로 짧은 공이 왔을 때, 백핸드 플랫 드라이브로 깊숙이 치고 들어가는 동작이다. 주로 공격 상황에서 플랫으로 많이 치지만 상황에 따라서 슬라이스로 치고 들어가기도 한다.

01

상대방이 공을 치기 직전에 준비 자세를 취한다.

02

백핸드 쪽으로 짧은 공이 오면 스플릿 스텝과 동시에 상체를 왼쪽으로 틀면서 오른발을 앞으로 내민다.

03

라켓을 뒤쪽에 유지하면서 왼발을 내밀어 앞으로 나간다. 여기서 중요한 것은 날아오는 공의 바운드 지점을 잘 파악하면서 달려가는 것이다.

04

뒤쪽에 있던 오른발을 왼발 앞으로 내밀면서 임팩트 위치를 잡고, 라켓을 왼쪽 옆구리 근처로 짧게 백스윙하여 공을 칠 준비를 한다. 이때 낮은 공은 최대한 무릎을 낮추고, 높은 공은 무릎을 세워서 친다. 체중은 오른발로 옮겨서 임팩트 시 공에 충분한 힘을 실어줄 수 있도록 한다.

PART 3. 테니스 기술 샷

05

오른발을 축으로 회전하면서 임팩트를 하고, 자연스럽게 균형을 잡는다. 가슴이 정면을 향하도록 몸을 돌리면서, 라켓은 왼쪽 옆구리에서 오른쪽 어깨 위로 스윙한다.

06

뒤쪽에 있던 왼발을 앞으로 옮기면서 몸의 균형을 잡고, 라켓을 오른쪽 어깨 너머로 완전히 넘긴다. 동작이 끝나면 준비 자세로 돌아가서 상대의 다음 타구를 대비하자.

TIP 원핸드 백핸드 스트로크 어프로치 샷도 스텝은 동일하다.

어프로치 샷의 응용

❶ 백핸드 어프로치 샷, 슬라이스

백핸드 어프로치 샷에서 플랫과 같이 많이 사용하는 기술이다. 기술을 제대로 구사하지 못하면 공이 높이 떠서 상대에게 찬스를 줄 수 있으므로 주의하자.

01

백핸드 쪽으로 짧은 공이 오면 스플릿 스텝과 동시에 오른발을 앞으로 내밀면서 나간다. 이때 상체는 상대방에게 등이 보일 정도로 돌리고, 오른손은 라켓 페이스가 위쪽을 보도록 하여 왼쪽 어깨높이까지 들어 올린다. 시선은 오른쪽 어깨 너머로 공을 주시한다.

02

왼발이 오른발 뒤로 엇갈리는 스텝을 하면서 앞으로 이동하여 임팩트 한다. 슬라이스를 할 때는 공에 역스핀을 주어야 하므로 라켓의 스윙 궤도를 어깨 위에서 아래로 가게 한다. 이때 오른팔을 펴면서 라켓 페이스의 손등 면을 위쪽으로 약간 열어주고, 왼팔은 뒤로 뻗어서 균형을 잡는다.

PART 3. 테니스 기술 샷

03

임팩트 후에도 균형이 무너지지 않도록 주의하면서 앞으로 이동한다. 이 동작에서 가장 중요한 것은 왼발이 오른발 뒤로 엇갈리는 스텝을 하는 것이다. 왼발을 오른발 앞으로 내밀면서 들어가면, 가슴이 빨리 열려서 슬라이스를 치기가 어렵고 자신이 의도한 곳으로 타구가 되지 않는다.

04

자연스럽게 오른발을 왼발 앞으로 내밀고 앞으로 나가면서 몸의 균형을 잡는다.

05

뒤에 있던 왼발을 앞으로 끌면서 동작을 마무리한다. 최대한 팔로우 스루를 길게 하고 시선은 끝까지 공을 주시한다. 동작이 끝나면 상대의 다음 공에 대비하여 재빨리 준비 자세로 돌아간다.

PART 3. 테니스 기술 샷

○ 드롭 샷 Drop Shot

드롭 샷은 공을 네트 가까이로 짧게 치는 기술이다. 이 샷은 주로 미드 코트나 네트 근처에서 작전상 경기의 흐름을 끊거나 역습을 할 때, 상대를 네트로 끌어들일 때 많이 사용한다. 드롭 샷의 주의사항은 공에 역회전을 잘 걸어서 네트 위로 많이 뜨지 않도록 하고, 공이 네트를 넘자마자 바운드가 크게 생기지 않도록 하는 것이다. 잘못하면 역으로 공격을 당할 수 있으므로 기술을 정확하게 구사할 수 있도록 하자.

포핸드 드롭 샷 Forehand Drop Shot

01

상대방이 공을 치기 직전에 준비 자세를 취한다.

02

공이 오면 스플릿 스텝과 동시에 상체를 오른쪽으로 틀면서 라켓을 가볍게 들어 올린다. 이때 체중은 오른발에 두고 왼발을 앞으로 내밀 준비를 한다. 오픈 스탠스로 하는 경우에는 왼발을 앞으로 내밀지 않는다.

03

왼발을 앞으로 내밀면서 백스윙한다. 이때 라켓 페이스를 미리 열고 백스윙을 하면, 상대방이 드롭 샷이라는 것을 알아차려서 바로 역공을 당하게 된다. 따라서 포핸드 스트로크를 치는 것과 똑같이 백스윙하여 상대가 알아차리지 못하게 하자.

04

손목에 힘을 빼고 라켓을 위에서 아래로 급격히 내리면서 임팩트한다. 이때 라켓 페이스를 약간 열어서 공에 역회전을 걸어준다.

05

임팩트 이후에는 라켓 페이스의 손바닥 면이 위쪽을 향하도록 열고, 라켓을 잡은 손목은 힘을 뺀 상태를 유지한다. 이때 체중은 완전히 앞으로 이동시킨다.

백핸드 드롭 샷 Backhand Drop Shot

01
상대방이 공을 치기 직전에 준비 자세를 취한다.

02
공이 오면 스플릿 스텝과 동시에 상체를 왼쪽으로 틀면서 체중을 왼발로 옮긴다. 왼손은 라켓 목을 가볍게 잡아 오른손의 부담을 덜어준다.

03
라켓 헤드를 어깨높이 정도로 들어서 백스윙을 하고 라켓 페이스가 위쪽을 향하도록 열어준다. 공에 역회전을 걸 수 있도록 라켓 헤드를 확실하게 위로 올리도록 하자.

백핸드 로브 Backhand Lob

백핸드 쪽으로 오는 공을 슬라이스로 높이 띄워 올리는 기술이다. 포핸드 로브와 마찬가지로 주로 상대방이 네트 플레이나 미드 코트에서 공격할 때, 수비를 하기 위해서 사용한다. 또한, 상황에 따라 상대의 진영을 흐트러뜨리는 등 작전상 많이 사용한다.

01
상대방이 공을 치기 직전에 준비 자세를 취한다.

02
공이 오면 스플릿 스텝과 동시에 상체를 옆으로 돌리면서 체중을 왼발로 옮긴다. 라켓을 왼쪽 어깨 위까지 들어 올리고 왼손은 라켓 목을 가볍게 잡아 안정적인 스윙을 할 수 있도록 한다.

PART 3. 테니스 기술 샷

03

라켓을 어깨 위에서 아래로 내리면서 임팩트한다. 이때 라켓 페이스를 하늘 방향으로 약간 열어서 비스듬히 공을 맞힌다.

04

임팩트 이후에는 무릎을 완전히 세우고 상체는 정면을 향한다. 라켓 페이스의 손등 면은 위쪽을 향하도록 해서 라켓 헤드를 높이 위로 들어 올린다.

패싱 샷 Passing Shot

패싱 샷은 상대방이 네트 앞으로 들어오거나 네트 근처에 있을 때, 받기 어려운 빈 공간으로 공을 보내는 기술이다. 패싱 샷은 공이 높이 뜨지 않는 것이 좋고, 라켓을 앞으로 눕혀서 공에 탑스핀을 걸면 상대가 대응하기 더 어려워진다.

포핸드 패싱 샷 Forehand Passing Shot

패싱 샷은 네트 플레이를 하는 상대에게 빈 공간으로 허를 찌를 수 있는 샷이다. 타구 방향을 상대에게 읽히면 역공을 당할 수 있으므로 상대가 눈치채지 못하도록 하자.

01

상대방이 공을 치기 직전에 준비 자세를 취한다.

02

공이 오면 스플릿 스텝과 동시에 상대의 빈 공간을 확인하면서 상체를 오른쪽으로 돌린다. 체중은 오른쪽에 두고, 왼발을 앞으로 내밀 준비를 한다. 라켓은 손등 면이 자신에게 보이도록 짧게 들어 올리고 왼손은 자연스럽게 몸 앞으로 올린다.

PART 3. 테니스 기술 샷

03

왼발을 앞으로 이동하면서 라켓 헤드의 손등 면이 보이도록 짧게 백스윙을 한다.

04

가슴을 앞으로 열면서 라켓의 그립 버트를 앞으로 내민다. 이때 라켓은 지면과 거의 수평을 이루고 라켓 페이스는 지면을 향하는 것이 좋다.

05

무릎은 구부린 상태를 유지하고 체중을 앞으로 이동시키면서 임팩트한다. 상대 코트의 빈 곳을 공략하기 위해서는 공이 네트를 최대한 낮게 넘어가야 하므로 라켓 페이스를 앞으로 약간 눕혀서 탑스핀을 걸도록 하자.

06

라켓을 앞으로 눕힌 상태를 그대로 유지하면서 공을 힘차게 감아친다.

PART 3. 테니스 기술 샷

백핸드 패싱 샷 Backhand Passing Shot

백핸드 패싱 샷 역시 포핸드와 마찬가지로 상대의 빈 공간으로 공을 보내는 기술이다. 상대에게 타구 방향을 읽히지 않도록 주의하자.

01
상대방이 공을 치기 직전에 준비 자세를 취한다.

02
공이 오면 스플릿 스텝과 동시에 상체를 서서히 왼쪽으로 틀면서 체중을 왼발로 옮긴다. 왼손은 라켓 목을 가볍게 잡아서 오른손의 부담을 덜어준다.

03

상체를 완전히 틀면서 백스윙을 하고 오른발을 앞으로 내밀 준비를 한다.

04

오른발을 앞으로 내밀면서 공을 칠 준비를 한다. 이때 공을 탑스핀으로 감아치기 쉽게 그립을 조정하고 상대의 빈 코스를 확인한다.

PART 3. 테니스 기술 샷

05

무릎을 낮춘 상태로 중심을 앞으로 이동하면서 공을 오른발 앞에서 맞힌다. 이때 라켓 헤드를 앞으로 비스듬히 눕혀서 공에 탑스핀을 걸도록 하자. 이렇게 하면 공이 네트를 넘자마자 밑으로 떨어지기 때문에 상대 코트의 코너 쪽 빈 공간을 공략하기가 좋다.

06

임팩트 이후, 무릎을 자연스럽게 펴고 라켓을 들어 올린다. 이때 체중은 완전히 오른발로 옮기고 라켓 페이스의 손등 면은 오른쪽 펜스를 가리키는 것이 좋다.

🔵 발리 Volley

발리는 상대가 친 공이 바운드되기 전에 네트 앞에서 처리하는 기술이다. 현대 테니스의 승패는 누가 먼저 네트를 점령해서 발리를 하느냐에 달려 있다고 해도 과언이 아니다. 따라서 발리는 전술상 반드시 익혀야 하는 중요한 기술이다.

발리는 단지 손목을 고정하여 공을 맞히는 동작이므로 많은 기술을 요구하지 않는다. 또한 포핸드 발리와 백핸드 발리를 할 때, 모두 컨티넨탈 그립을 사용하기 때문에 그립을 바꿔야 하는 번거로움도 없다. 발리의 종류는 타구하는 위치에 따라 미들, 로우, 하이 발리 등이 있고 응용 기술로는 드롭, 로브, 앵글, 하프 발리와 바디 샷 등이 있다.

포핸드 미들 발리 Forehand Middle Volley

포핸드 미들 발리는 오른쪽 가슴과 배꼽 사이의 높이로 날아오는 공을 처리하는 기술이다. 임팩트 시 라켓 페이스를 잘 맞추지 않으면 공이 네트에 걸릴 수 있으니 신중하게 쳐야 한다. 손목 동작은 최대한 자제하고 펀칭하는 느낌으로 짧게 치는 것이 좋다.

01 네트와 서비스라인 중간이나 약간 뒤에 서서 자세를 낮추고 준비한다.

PART 3. 테니스 기술 샷

02 공이 오면 스플릿 스텝과 동시에 상체를 오른쪽으로 비스듬히 틀면서 체중을 오른발로 옮긴다. 이때 손목은 완전히 뒤로 젖히고 라켓 헤드를 위로 들어서 공을 위에서 아래로 내려칠 준비를 한다. 왼팔은 자연스럽게 앞으로 들어서 몸의 균형을 잡는다.

03 상체를 열고 왼발에 체중을 실어 앞으로 힘 있게 내밀면서 임팩트한다. 이때 라켓을 약 45도 정도 위에서 아래로 스윙하면서 공에 역회전을 조금 걸어준다. 왼손은 오른손 근처에 위치하면서 균형을 잡는다.

04 공을 치고 나서 상체는 정면을 향하고 라켓 헤드는 자신이 보내고자 하는 방향으로 밀어준다. 미들 발리는 공을 길게 밀어치는 것이 아니라, 펀칭하는 느낌으로 짧게 끊어서 쳐야 하므로 임팩트 이후의 스윙은 최대한 짧게 한다.

발리의 응용

❶ 로우 발리 Low Volley

로우 발리란, 네트 앞에서 낮게 날아오는 공을 처리하는 기술로서 서비스라인 쪽으로 떨어지는 공에 대비하기 위한 기술이다. 로우 발리는 정확하게 구사하지 않으면 네트에 걸릴 확률이 높고 상대로부터 공격을 당할 수 있으므로 공격적으로 하지 말고 일단 위기를 넘긴다는 생각으로 무릎을 최대한 낮추어서 상대의 베이스라인 깊숙이 공을 친다.

포핸드 로우 발리 Forehand Low Volley

01

상대방이 공을 치기 직전에 준비 자세를 취한다. 그립은 컨티넨탈 그립을 잡는다.

02

공이 오면 스플릿 스텝과 동시에 오른발을 오른쪽으로 반 족장 내밀면서 백스윙을 한다. 이때 무릎을 최대한 낮추고 상체를 세운다. 왼손은 앞으로 들어서 몸의 균형을 잡고 라켓 헤드는 세워서 백스윙을 낮게 한다. 체중은 오른발에 두고 왼발을 대각선 방향으로 내밀 준비를 한다.

03

왼발에 체중을 실어 대각선 앞으로 내밀면서 임팩트한다. 이때 무릎을 약 90도 정도 굽힌 상태로 상체를 세우고 라켓 페이스는 네트 바로 위를 향하도록 해서 공을 맞힌다. 시선은 끝까지 공을 주시한다.

04

무릎을 굽힌 상태를 유지하면서 라켓 페이스를 위쪽으로 높이 들어 올려 스윙한다. 로우 발리는 수비형 발리로서, 상대방 베이스라인 가까이로 깊게 쳐야 하므로 포핸드 미들 발리보다 팔로우스루를 더 길게 해야 한다.

백핸드 로우 발리 | Backhand Low Volley

01

상대방이 공을 치기 직전에 네트와 서비스라인 중간이나 약간 뒤에 서서 준비 자세를 취한다. 그립은 컨티넨탈 그립을 잡는다.

02

공이 오면 스플릿 스텝과 동시에 포핸드 로우 발리와 동일한 요령으로 왼쪽으로 왼발을 반 족장 내밀면서 백스윙을 한다. 이때 무릎을 낮추고 라켓 헤드를 세우면서 체중을 왼발로 옮긴다.

03

무릎을 거의 90도 정도로 굽히고 오른발에 체중을 실어 대각선 방향으로 내밀면서 임팩트한다. 이때 상체를 세우고 라켓 페이스는 네트 바로 위를 향하게 해서 공을 맞힌다. 시선은 끝까지 공을 주시하고 왼손은 자연스럽게 뒤로 뻗어서 균형을 잡는다.

04

임팩트 이후에도 무릎은 굽힌 상태를 유지하고 라켓 헤드를 높이 들어 올린다. 백핸드 로우 발리 역시 상대방 베이스라인 가까이로 깊게 쳐야 한다. 따라서 백핸드 미들 발리보다 팔로우스루를 더 길게 하고 라켓 페이스는 완전히 위쪽을 바라보도록 열어야 한다.

❷ 하이 발리 High Volley

하이 발리는 네트 앞에서 어깨와 머리 사이의 높이로 날아오는 공을 처리하는 기술이다. 하이 발리는 주로 자신이 공격하는 상황에서 하는데, 임팩트때 공을 깎지 말고 플랫성으로 길게 쳐서 베이스라인 깊숙이 보내야 한다. 상황에 따라 여유가 생긴다면 포핸드 탑스핀 드라이브 요령(스윙 발리)으로 치고 네트 앞으로 들어가도 좋다.

포핸드 하이 발리 Forehand High Volley

01

상대가 공을 치기 직전에 준비 자세를 취한다. 그립은 컨티넨탈 그립을 잡는다.

02

공이 어깨높이 이상으로 높이 날아오면 스플릿 스텝과 동시에 상체를 오른쪽으로 크게 돌리고 라켓 헤드를 머리 위로 들어 올린다. 이때 오른발을 반 족장 정도 내밀면서 체중을 실어주고, 왼발을 앞으로 내밀 준비를 한다. 높은 공은 시간적 여유가 많은 찬스 공이기 때문에 상체를 이용하여 큰 회전력으로 강하게 결정타를 날릴 수 있어야 한다. 따라서 하이 발리는 로우, 미들 발리보다 상체를 더 많이 돌려야 한다.

03

왼발에 체중을 실어서 힘 있게 내밀고 머리 위로 들었던 라켓을 내리면서 강하게 플랫으로 임팩트한다. 이때 시선은 끝까지 공을 주시한다.

04

임팩트 후에 체중을 완전히 왼발로 옮기고 라켓을 힘 있게 스윙하면서 동작을 마무리한다.

백핸드 하이 발리 Backhand High Volley

01
네트와 서비스라인 중간이나 약간 뒤에 서서 준비 자세를 취한다. 그립은 컨티넨탈 그립을 잡는다.

02
공이 오면 스플릿 스텝과 동시에 왼손으로 라켓 목을 가볍게 잡고 어깨선이 완전히 네트와 직각이 되도록 상체를 왼쪽으로 돌리면서 백스윙한다. 이때 왼발을 왼쪽으로 반 족장 내밀고 오른발을 앞으로 내밀 준비를 한다.

03

오른발에 체중을 실어서 힘 있게 앞으로 내밀고, 돌렸던 상체를 풀면서 라켓 헤드를 내려 강하게 임팩트한다. 이때 라켓을 잡은 손의 손목과 라켓의 각도가 거의 직각이 되도록 한다. 라켓 페이스가 너무 열려서 맞으면 공에 역스핀이 걸려서 힘이 실리지 않으므로 주의하자.

04

임팩트 이후 라켓 헤드는 자신이 보낼 방향으로 뻗어주고 왼손을 뒤로 들면서 균형을 잡는다. 시선은 임팩트 지점을 주시한다.

❸ 드롭 발리 Drop Volley

네트 앞에서 상대방이 친 스트로크를 발리로 길게 처리하지 않고 네트 앞으로 짧게 떨어뜨리는 기술이다. 드롭 발리는 컨트롤 샷으로서, 주로 상대방 네트 앞의 빈 공간을 공략하거나 경기의 흐름을 끊을 때 사용한다. 상대방의 다리가 느릴 때 사용해도 좋은 효과를 볼 수 있다. 설명은 스퀘어 스탠스로 했지만 상대로부터 강한 공이 날아오거나 상황에 따라 오픈 스탠스로 할 수도 있다.

포핸드 드롭 발리 Forehand Drop Volley

01

상대가 공을 치기 직전에 준비 자세를 취한다. 그립은 컨티넨탈 그립을 잡는다.

02

백스윙은 기본적인 발리와 동작이 거의 같다. 공이 오면 스플릿 스텝과 동시에 상체를 오른쪽으로 약간 비스듬히 틀면서 라켓 헤드를 오른쪽 어깨 위로 든다. 체중은 오른발에 두고, 왼발을 앞으로 내밀 준비를 한다.

03

왼발에 체중을 실어 앞으로 내밀면서 임팩트한다. 이때 라켓 페이스를 약간 열고 손목은 뒤로 젖힌다. 공이 상대방 네트 앞에 떨어지도록 손목에 너무 힘을 주지 않도록 한다.

04

무릎은 굽힌 상태를 유지하고 라켓 페이스를 열어서 자신이 보내고자 하는 방향으로 가볍게 밀어준다. 이때 팔과 손목에 힘을 완전히 빼고 팔로우스루를 짧게 해서 공이 최대한 상대방 네트 앞 가까이에 떨어질 수 있도록 한다. 만약 팔로우스루가 너무 길어서 서비스라인 가까이로 높은 공이 가면 상대로부터 공격을 당할 수 있다.

백핸드 드롭 발리 Backhand Drop Volley

01
상대방이 공을 치기 직전에 준비 자세를 취한다. 그립은 컨티넨탈 그립을 잡는다.

02
공이 오면 스플릿 스텝과 동시에 어깨선이 네트와 직각이 되도록 상체를 왼쪽으로 틀면서 라켓을 왼쪽 어깨 위로 들어 올린다. 체중은 왼발에 두고 오른발을 앞으로 내밀 준비를 한다.

03

오른발에 체중을 실어 앞으로 내밀면서 임팩트한다. 이때 라켓 페이스는 포핸드 드롭 발리처럼 약간 열려 있어야 하고 손목과 팔에 너무 힘을 주지 않도록 한다.

04

손목과 팔에 적당히 힘을 뺀 상태로 체중을 앞으로 옮기면서 자신이 보내고자 하는 방향으로 라켓 헤드를 밀어준다. 이때 라켓 페이스는 위쪽을 향하도록 한다. 임팩트 때의 힘 조절은 포핸드 드롭 발리 요령과 같다.

④ 하프 발리 Half Volley

하프 발리란 그라운드 스트로크와 발리의 중간형으로서, 공이 지면에 바운드되자마자 치는 기술이다. 하프 발리는 네트 플레이 중에서 가장 어려운 샷이므로 신중하게 해야 한다. 임팩트할 때 라켓 헤드를 직각으로 세워야 안전하게 상대방 코트로 밀어 올릴 수 있다. 만약 임팩트 타이밍을 놓쳐서 조금 높은 위치에서 치게 되면, 공의 정확도가 떨어진다.

포핸드 하프 발리 Forehand Half Volley

01

상대가 공을 치기 직전에 준비 자세를 취한다. 그립은 컨티넨탈 그립을 잡는다.

02

공이 오면 스플릿 스텝과 동시에 낮은 발리를 하는 느낌으로 무릎을 최대한 낮추고 상체를 세워서 백스윙한다. 이때 라켓 헤드를 세워서 임팩트 때 공에 맞는 면이 많게 하자. 체중은 오른발에 두고 왼발을 앞으로 내밀 준비를 한다.

03

공이 바운드되자마자 왼발에 체중을 실어 앞으로 내밀면서 라켓을 최대한 지면에 수직으로 갖다 댄다. 이때 무릎을 구부려서 낮은 자세를 유지한다. 여기서 가장 주의해야 할 사항은 절대로 공을 세게 치려고 하지 말고, 라켓 헤드를 지면과 수직으로 맞춰서 네트 위로 밀어 올린다는 느낌으로 쳐야 한다. 라켓 헤드를 지면과 수직으로 맞추지 않으면 임팩트가 제대로 되지 않는다.

04

무릎을 굽힌 상태를 유지하면서 상대의 네트 너머로 공을 밀어 올리듯이 스윙한다. 라켓 헤드는 수직 상태를 유지하고 라켓 페이스는 정면을 향하면서 가슴 높이까지 들어주어야 한다

백핸드 하프 발리 Backhand Half Volley

01
상대가 공을 치기 직전에 준비 자세를 취한다. 그립은 컨티넨탈 그립을 잡는다.

02
공이 오면 스플릿 스텝과 동시에 상체를 왼쪽으로 틀면서 체중을 왼발로 옮기고 오른발을 앞으로 내밀 준비를 한다. 이때 왼손은 라켓 목을 가볍게 잡고 오른손은 라켓을 수직으로 세워서 공에 맞는 면이 많게 한다.

03

공이 바운드되자마자 오른발에 체중을 실어 대각선 앞으로 내밀면서 라켓 페이스를 최대한 수직으로 갖다 댄다. 이때 무릎을 최대한 낮추고, 상체를 세워야 한다.

04

공을 치고 난 후에도 라켓 헤드를 지면과 수직 상태로 유지하면서 들어 올린다.

❺ 로브 발리 | Lob Volley

로브 발리란 상대방 머리 위로 공을 띄워 넘기는 기술이다. 주로 복식에서 상대 팀 네트 플레이어 뒤로 공을 넘길 때 사용하는데, 잘 구사하면 상대 진영을 깨뜨릴 수 있어서 매우 효과적이다. 이 기술은 드롭 발리와 로브를 혼합한 형태로서, 공이 맞는 순간 손목에 힘을 빼고 짧은 로브를 하는 느낌으로 치면 된다.

포핸드 로브 발리 | Forehand Lob Volley

01
상대가 공을 치기 직전에 준비 자세를 취한다. 그립은 컨티넨탈 그립을 잡는다.

02
공이 오면 스플릿 스텝과 동시에 상체를 비스듬히 오른쪽으로 돌리고 라켓을 최대한 짧게 빼서 백스윙한다. 체중은 오른발에 두고 왼발을 앞으로 내밀 준비를 한다.

03

왼발에 체중을 실어 대각선 방향으로 길게 내밀면서 라켓 페이스를 많이 열고 임팩트한다. 이때 손목에 힘을 빼고 라켓 페이스를 갖다 대는 느낌으로 친다.

04

임팩트 이후에는 라켓 헤드를 왼쪽 어깨 위까지 들어준다. 이때 마지막 동작은 크게 하지 말고 거의 손목으로만 마무리해야 한다. 손목에 힘을 조금 뺀 상태에서 공을 순간적으로 찍어서 위로 올린다는 느낌으로 하자.

백핸드 로브 발리 | Backhand Lob Volley

01

상대가 공을 치기 직전에 준비 자세를 취한다. 그립은 컨티넨탈 그립을 잡는다.

02

공이 오면 스플릿 스텝과 동시에 상체를 완전히 왼쪽으로 돌려 어깨 선이 네트와 거의 수직이 되게 하고 체중을 왼발로 옮긴다. 포핸드 발리는 팔 동작만으로 컨트롤이 가능하지만 백핸드 발리는 어깨를 사용해야 하므로 포핸드보다 상체를 더 많이 돌려야 한다.

03

오른발을 대각선 방향으로 내밀면서 임팩트한다. 이때 라켓 페이스를 많이 열어서 공을 위로 올리기 쉽게 하고 왼손은 뒤로 들어서 균형을 잡는다. 손목과 팔에 너무 힘이 들어가지 않도록 주의한다.

04

임팩트 이후에도 라켓 페이스를 열고 그대로 어깨높이까지 들어 올린다.

TIP 발을 앞으로 내밀지 않고 제자리에서 몸을 좌우로 비키면서 로브 발리를 실시할 수도 있다.

PART 3. 테니스 기술 샷

❻ 앵글 발리 Angle Volley

앵글 발리란 상대방을 최대한 멀리 사이드 방향으로 벗어나게 하기 위해 코트의 모서리(사이드라인) 부근으로 치는 샷을 말한다. 이 샷은 주로 네트 플레이에서 많이 사용하는데, 공이 날아오면 라켓 헤드를 세워서 공의 바깥쪽 부분을 쓰다듬듯이 쳐서 가볍게 사이드 스핀을 준다. 이때 주의할 점은 절대로 공을 세게 치려고 해서는 안 된다는 것이다.

포핸드 앵글 발리 Forehand Angle Volley

01

상대가 공을 치기 직전에 준비자세를 취한다. 그립은 컨티넨탈 그립을 잡는다.

02

공이 오면 스플릿 스텝과 동시에 상체를 오른쪽으로 틀면서 체중을 오른발로 옮기고 왼발을 앞으로 내밀 준비를 한다. 이때 공이 사이드로 갈 수 있도록 라켓 헤드를 최대한 세운다. 만약 라켓 헤드를 세우지 않으면 공이 사이드 방향으로 가지 않고 베이스라인 방향으로 가기 쉽다.

03

왼발에 체중을 실어서 앞으로 내밀고 라켓 페이스를 상대 코트의 오른쪽 모서리 방향으로 향하여 임팩트한다. 이때 손목에는 최대한 힘을 빼고 라켓 헤드는 밑으로 떨어지지 않도록 직각으로 세워야 한다. 만약 라켓 헤드가 밑으로 떨어지면, 공이 사이드로 가지 않고 베이스라인 방향으로 날아가기 쉽다.

04

임팩트 후에는 라켓 헤드를 자연스럽게 내리면서 상대 코트의 오른쪽 사이드 방향으로 밀어준다. 이때 라켓 페이스가 위를 향하도록 하고 체중을 앞으로 이동시켜서 중심을 잡는다.

백핸드 앵글 발리 | Backhand Angle Volley

01

상대가 공을 치기 직전에 준비 자세를 취한다. 그립은 컨티넨탈 그립을 잡는다.

02

공이 오면 스플릿 스텝과 동시에 상체를 완전히 왼쪽으로 돌려 어깨 선이 네트와 거의 수직이 되게 하고 체중을 왼발로 옮긴다. 포핸드 발리는 팔 동작만으로 컨트롤이 가능하지만 백핸드 발리는 어깨를 많이 사용해야 하므로 포핸드보다 상체를 더 많이 돌려야 한다.

03

오른발을 대각선 방향으로 내밀면서 임팩트한다. 이때 라켓 페이스를 많이 열어서 공을 위로 들어 올리기 쉽게 하고 왼손은 뒤로 들어서 균형을 잡는다. 라켓을 잡은 손과 라켓이 직각이 되도록 세우고 손목과 팔에 너무 힘이 들어가지 않도록 주의한다.

04

임팩트 이후, 라켓 헤드를 상대 코트의 왼쪽 사이드 방향으로 밀어준다. 이때 라켓 페이스가 위를 향하도록 한다.

PART 3. 테니스 기술 샷

❼ 바디 샷 Body Shot

바디 샷은 네트 앞에서 몸 정면으로 강하게 날아오는 공을 옆으로 비키면서 하는 발리를 말한다. 이 샷은 네트 플레이에서 많이 사용하는데, 공이 몸쪽으로 날아오면 자신이 보내고 싶은 방향의 반대로 몸을 비켜선 다음, 라켓 헤드를 갖다 대면 된다. 바디 샷은 거의 수비 상황에서 사용하므로 절대로 세게 치려고 하지 말자.

만약에 몸 정면으로 향해 오는 공이 있다면, 포핸드 바디 샷보다는 백핸드 바디 샷으로 처리를 하는 것이 좋다. 몸 정면으로 오는 공을 포핸드로 처리하면, 자세가 어색하고 원만한 스윙을 할 수 없기 때문이다.

포핸드 바디 샷 Forehand Body Shot

01
상대가 공을 치기 직전에 준비 자세를 취한다.

02
공이 몸에서 약간 오른쪽으로 날아오면, 스플릿 스텝과 동시에 상체를 왼쪽으로 이동하면서 체중을 완전히 왼쪽으로 옮긴다. 이때 상체를 약간 오른쪽으로 비스듬히 틀어서 라켓 헤드를 앞으로 내밀기 좋게 자세를 잡는다. 타점은 최대한 몸 앞에 두고 손목은 뒤로 약간 젖힌다.

03

임팩트 때는 상체를 완전히 왼쪽으로 비키면서 체중도 왼쪽으로 이동한다. 최대한 몸의 오른쪽 앞에서 임팩트를 하고 손목을 견고하게 해서 라켓이 공에 밀리지 않도록 한다.

04

공을 치고 난 후에는 라켓을 지면과 거의 수평 상태를 유지하면서 앞으로 뻗어준다. 이때 체중은 계속 왼쪽에 두고 있어야 한다.

백핸드 바디 샷 Backhand Body Shot

01
상대가 공을 치기 직전에 준비 자세를 취한다.

02
공이 몸 중앙으로 날아오면 스플릿 스텝과 동시에 체중을 완전히 오른쪽으로 옮기면서 상체를 비스듬히 왼쪽으로 틀어준다.

03

라켓이 지면과 수평이 되도록 밑으로 내려주고 라켓 헤드가 지면과 거의 수직이 되게 해서 공을 맞힌다. 이때 체중은 계속 오른발에 유지하고 손목은 견고하게 한다. 임팩트는 몸 앞에서 이루어지면 좋다.

04

임팩트 이후에는 라켓 헤드를 급격히 밑으로 떨어뜨렸다가 2~3시 방향으로 내밀면서 위로 올린다. 마치 시계추가 좌에서 우로 움직이듯이 스윙한다고 생각하면 된다.

PART 3. 테니스 기술 샷

발리 연습법

발리는 앞서 이야기했듯이 테니스에서 아주 중요한 기술이고, 응용되는 기술도 많이 있으므로 연습법을 소개한다. 여기에 소개된 연습법을 보고 발리의 감각을 익히도록 하자.

❶ 포핸드 발리 1인 연습법

선수는 네트 앞에 서서 왼손으로 공을 잡고 오른쪽 앞으로 던져 올린 다음 정확한 자세로 포핸드 발리를 한다. 공을 칠 때 스트레이트나 크로스로 방향을 정하고 보낸다.

02 상대방이 공을 머리 위로 띄우면 스플릿 스텝과 동시에 서서히 오른발을 뒤로 뺀다. 이때 상체는 오른쪽으로 비스듬히 열고 라켓을 위로 들어 올린다.

03 체중을 완전히 오른발로 옮기고 몸을 비스듬히 옆으로 튼 상태에서 라켓을 높이 올려 백스윙을 한다. 왼팔은 공을 가리키고, 오른팔은 90도 정도 굽힌다.

PART 3. 테니스 기술 샷

04 공을 치기 위해 라켓을 밑으로 떨어뜨리는 백 스크래칭 동작이다. 이 동작은 스매시에서 가장 중요한 동작으로서, 백스윙 자세에서 공을 치기 위해 순간적으로 라켓 헤드를 밑으로 떨어뜨리고, 상체를 앞으로 내미는 동작이다. 야구 경기에서 투수가 공을 던질 때 손목을 뒤로 젖히고 가슴을 열면서 던지는 자세를 상상하면 이해가 쉬울 것이다. 이렇게 하면 라켓의 운동량이 많아져 강한 스냅과 파워를 낼 수가 있다. 그렇다고 해서 백스윙 때 미리 라켓을 떨어뜨리고 있으면 안 된다.

05 임팩트 때 상체는 완전히 정면을 향하고, 왼손은 자연스럽게 배 앞에 위치시킨다. 이때, 라켓 페이스는 정면을 향하고 체중은 자연스럽게 앞으로 이동시킨다.

06 임팩트 이후에는 체중을 앞으로 이동시키면서 라켓 헤드를 왼쪽 무릎 앞에 머물게 한다. 이때 라켓 페이스의 손바닥 면은 오른쪽을 바라보게 한다. 이는 배구의 스파이크 동작이나 야구의 피칭 동작과 같은 원리로서, 공을 치거나 던질 때, 힘을 실어주기 위해서 손목을 순간적으로 왼쪽에서 오른쪽으로 틀어주는 것이다. 스매시를 하고 난 후에 뒤쪽에 있는 오른발을 앞으로 자연스럽게 내밀어도 된다.

PART 3. 테니스 기술 샷

스매시의 응용

❶ 점프 스매시 Jump Smash

점프 스매시는 네트 앞에서 머리 뒤로 넘어가는 공을 뒤로 움직이면서 점프하여 치는 기술이다. 이 샷은 백스텝을 하면서 뒤로 재빠르게 움직이는 것이 관건이다. 임팩트 순간 손목 스냅 동작에 유의하고, 착지 후에는 중심을 잘 잡는 것이 중요하다.

01

상대가 공을 치기 직전에 준비 자세를 취한다.

02

높고 긴 공이 오면, 스플릿 스텝과 동시에 오른발을 크게 뒤로 내밀고 상체를 오른쪽으로 돌리면서 라켓을 위로 들어 올린다. 이때 라켓 헤드는 머리 위로 높이 올려주고 왼손은 공을 가리키고 있어야 한다.

03

머리 뒤로 넘어가는 공을 잡기 위해서 크로스 스텝이나 사이드 스텝으로 재빨리 뒤로 이동한다.

04

공을 치기 직전에는 체중을 완전히 오른발에 두고 상체를 뒤로 젖힌다. 이때 상체를 최대한 뒤로 눕혀서 공을 치기 좋게 머리 앞에 오도록 한다.

05

공을 치기 위해 뒤로 점프하는 동작이다. 마지막으로 디딘 오른발을 축으로 힘차게 점프하고 상체를 앞으로 열면서 라켓을 등 뒤로 떨어뜨린다.

06

공을 끝까지 주시하면서 자신이 보낼 곳을 향하여 강하게 임팩트한다. 임팩트 이후에는 왼발이 먼저 착지하여 중심을 잡는다.

07

착지 후 상체는 완전히 정면을 향하고 왼발로 몸의 중심을 잡는다. 이때 라켓은 스탠딩 스매시 동작과 같은 요령으로 틀어준다. 만약 상대의 로브가 깊이 들어와서 뒤로 많이 물러나 점프 스매시를 해야 한다면, 착지 후 중심이 잘 잡히지 않을 수도 있다. 이때는 착지한 왼발로 종종걸음을 하면서 뒤로 물러나 몸의 중심을 빨리 잡도록 한다.

❷ 백 스매시 | Back Smash

백 스매시는 네트 앞에서 왼쪽으로 높이 넘어가는 공을 처리하는 기술을 말한다. 이 샷은 백핸드 하이 발리로도 분류를 할 수가 있다. 정상적인 스매시를 하기엔 아주 애매하고 힘든 위치의 공을 치는 기술이므로 스매시와 달리 위력적이지는 않지만, 다양한 각도로 공을 칠 수 있어서 시합에 매우 유용한 기술이다.

01
상대가 공을 치기 직전에 준비 자세를 취한다.

02
공이 왼쪽으로 높이 날아오면, 스플릿 스텝과 동시에 몸을 왼쪽으로 틀면서 체중을 왼발로 옮긴다. 이때 라켓을 왼쪽 어깨 위로 올리면서 공을 주시한다.

03

라켓 헤드를 왼쪽 어깨 밑으로 떨어뜨려서 백스윙한다. 이때 오른쪽 팔꿈치를 얼굴 위치까지 들어 올리고 라켓 헤드 끝이 지면을 향하도록 완전히 밑으로 떨어뜨린다.

04

임팩트 때는 라켓 페이스를 자신이 치고자 하는 방향으로 향하고 오른쪽 팔꿈치는 완전히 펴서 타점이 상체 앞에서 되도록 한다. 이때 그립에서 엄지손가락을 세워서 눌러 주어야 공에 파워를 주기 쉽고 방향도 조절하기가 좋다.

05

임팩트 이후, 라켓 페이스는 바닥을 향한 채로 라켓을 완전히 밑으로 떨어뜨린다. 이때 라켓 헤드 끝부분은 자신이 보내고자 하는 방향을 향하고 왼손은 왼쪽 어깨 위에 위치하여 균형을 잡는다.

스매시 연습법

스매시는 시합에서 결정타가 될 수 있는 아주 중요한 기술이다. 자세를 보면서 완벽하게 할 수 있도록 연습을 많이 하자. 다음에 소개된 연습은 좀 더 완벽한 스매시를 구사하는 데 많은 도움이 될 것이다.

❶ **스매시 1인 연습법 – 제자리에서 공 던지기**
네트 앞에서 왼팔을 앞으로 뻗고, 오른팔은 약 90~120도 정도로 굽힌 상태로 네트와 몸이 수직이 되게 선다. 그다음 오른손에 힘을 빼고 손목을 이용해서 공을 네트 너머로 던진다. 이때 가장 신경 써야 하는 것은 손목의 내전 동작이다. 야구의 투수가 공을 던질 때나 배구 선수가 서브를 넣을 때, 손목을 시계 반대 방향으로 틀어주는 것을 생각하면서 공을 던진다. 이렇게 해야 서브나 스매시에 힘을 실을 수 있다.

❷ **스매시 1인 연습법 – 백 스텝하면서 공 던지기**
크로스 스텝이나 사이드 스텝으로 물러나고 마지막 오른발을 축으로 힘차게 점프를 하면서 공을 던진다. 공을 던지는 요령은 제자리에서 던지는 것과 같다. 공을 던지고 착지할 때는 오른발에서 왼발로 바꿔서 착지를 하는데, 몸의 균형을 잘 잡아야 한다.

❸ 스매시 2인 연습법

선수는 네트 앞에서 라켓을 높이 들어 스매시할 준비를 한다. 이때 라켓 헤드를 머리 위로 들어도 되고, 밑으로 떨어뜨려도 된다. 코치는 서비스라인 근처에서 라켓을 짧게 잡고 선수가 치기 좋게 공을 머리 위로 높이 올려준다. 선수는 코치가 올려준 공을 정확한 자세로 스매시한다. 선수가 초보자인 경우는 공을 밑에서 위로 높이 던져 올려주어도 되고, 라켓으로 코트에 높이 바운드시켜 주어도 좋다.

PART 4

서브와 서브 리턴

PART 4. 서브와 서브 리턴

01 서브

서브는 시합을 시작하는 기술로서, 게임의 주도권을 잡는 데 매우 중요하다. 서브는 테니스 기술 중에서 유일하게 자기 스스로 시행할 수 있는 기술이므로 연습을 많이 해서 실수가 없도록 하자.

예전에는 첫 번째 서브를 강하게 넣고 두 번째 서브는 약하게 넣는 추세였는데, 현재는 두 가지 서브 모두 강하게 넣는 것이 일반적이다. 서브의 종류는 공의 회전 방향에 따라 플랫 서브, 슬라이스 서브, 스핀 서브 등이 있고 주로 사용하는 그립은 컨티넨탈 그립이다.

○ 플랫 서브 Flat Serve

플랫 서브는 첫 서브를 넣을 때 주로 사용되는데, 볼에 거의 회전을 주지 않고 똑바로 강하게 치는 서브를 말한다. 성공하면 상대의 서브 리턴이 대부분 약하게 날아오기 때문에 다음 공격으로 바로 연결할 수 있어 게임을 따낼 확률이 높아진다. 따라서 플랫 서브는 실수 없이 최대한 강하게 넣을 수 있도록 많은 연습을 하자.

> **TIP** 서브 스탠스의 종류
>
> - 플랫폼 스탠스 　　　　　두 발을 어깨 넓이로 유지한 채 그대로 점프를 하여 서브를 넣는 자세.
> - 핀 포인트 스탠스 　　　　두 발을 모은 상태에서 토스를 하여 서브를 넣는 자세.
> - 하이브리드 핀 포인트 스탠스　두 발을 어깨 넓이로 유지한 상태에서 토스와 동시에 두 발을 모으면서 서브를 넣는 자세. 일반적으로 가장 많이 쓰이는 스탠스로서 여기에서는 이 스탠스로 설명을 하였다.

01

왼발은 베이스라인에서 45도 정도 틀고 가슴은 비스듬히 정면을 향하게 한다. 오른발은 왼발 뒤로 빼고 체중은 앞쪽에 둔다. 라켓은 지면과 평행이 되도록 들고 왼손은 라켓 목을 가볍게 잡는다. 이때 라켓 헤드 끝이 정면이나 왼쪽 네트 포스트를 향하게 하고, 자신이 라켓 페이스의 손바닥 면을 볼 수 있도록 약간 틀어주는 것이 좋다.

PART 4. 서브와 서브 리턴

02

왼손으로 라켓 목을 잡은 상태로 체중을 자연스럽게 오른발로 옮기기 시작한다. 이때 왼발 앞꿈치는 체중 이동으로 인해서 살짝 들어주는 것이 좋다. 서브 동작에서 체중은 반드시 뒤로 갔다가 앞으로 오면서 토스 동작으로 연결되어야 한다. 이는 체중의 반동을 이용하여 서브에 리듬감을 주기 위해서이다.

03

오른발에 실었던 체중을 왼발로 옮기면서 왼손을 펴고 공을 눈높이까지 들어 올린다. 이때 라켓 헤드를 밑으로 떨어뜨리면서 라켓을 들어 올리기 시작한다.

PART 4. 서브와 서브 리턴

04

체중을 완전히 왼발로 옮기고 어깨선이 네트와 수직이 되도록 몸을 옆으로 돌린다. 무릎은 적당히 구부리고, 왼손은 곧게 펴서 공을 가리킨다. 오른팔은 90도 정도로 구부려서 라켓을 들어 올린다. 이때 라켓 헤드가 머리 위에 위치해야 회전력을 얻어 공을 힘차게 칠 수 있다. 두 발은 사진과 같이 모아도 되고 벌린 상태에서 체중만 앞으로 옮기면서 공을 토스해도 좋다.

05

공을 치기 위해 왼발로 힘 있게 지면을 차면서 점프를 한다. 이때 무릎을 펴는 것과 동시에 가슴은 정면을 향하고 라켓 헤드는 완전히 지면을 향하도록 밑으로 떨어뜨린다. 이 동작은 스매시와 마찬가지로 서브에서 가장 중요한 포인트다. 라켓을 밑으로 떨어뜨린 다음 위로 올리는 일련의 동작이 빠르게 이어질 수 있도록 한다.

06

임팩트할 때 왼손은 앞쪽에 두고 오른발을 뒤로 뻗어 몸의 균형을 잡는다. 라켓 페이스는 자신이 보내고자 하는 방향을 향하도록 한다. 라켓을 등 뒤에서 앞으로 뻗을 때, 그립을 잡은 손 그대로 앞으로 뻗어야 라켓 페이스가 자연스럽게 왼쪽을 가리키면서 공을 힘 있게 칠 수 있다. 따라서 라켓 헤드의 끝이 12시 방향이 아니라, 10시나 11시 방향으로 기울어져야 한다. 오른손을 똑바로 위로 올린 상태에서 그립을 잡아보고 기울어진 정도를 보면 이해하기 쉽다.

07

임팩트 이후에는 체중을 완전히 왼발에 두고, 라켓 페이스는 오른쪽을 가리킬 정도로 완전히 틀어준다. 정확한 타점을 위해서 시선은 계속 임팩트 지점을 주시한다. 스윙할 때는 손목을 틀어서 내전 동작으로 공을 쳐야 한다는 것을 잊지 말자.

TIP 내전 동작을 하면 공을 강하게 임팩트할 수 있다. 내전 동작이 잘 안되는 초보자들은 라켓 페이스가 정면을 향하게 해도 되지만 좀 더 강한 공을 치고 싶다면 라켓 페이스가 오른쪽을 가리키도록 내전 동작을 연습하자.

08

상체는 완전히 숙여서 가슴이 지면을 향하게 하고 오른발을 뒤로 들어서 중심을 잡는다. 시선은 날아가는 공을 주시한다.

서브의 응용

슬라이스 서브 Slice Serve

슬라이스 서브는 라켓 페이스로 공의 오른쪽 부분(2~3시 방향)을 쳐서 넣는 서브를 말한다. 다시 말해 공의 오른쪽 부분을 깎아서 치는 서브로서, 주로 서비스 박스 사이드 부분을 공략한다. 슬라이스 서브는 공에 사이드 스핀을 걸어서 상대 선수를 코트 밖으로 유도하고, 빈 곳을 노리는 전술이 가능하다. 스핀 서브와 마찬가지로 두 번째 서브로 많이 사용하는데, 공의 궤도가 네트 위에서 정점을 이루고 급격히 밑으로 떨어지기 때문에 플랫 서브보다 훨씬 안정적이다. 스핀이 강할수록 네트 위에서 더 급격하게 밑으로 떨어지므로 슬라이스 서브를 넣을 때는 최대한 강하게 스윙을 하는 것이 좋다.

01 자세는 플랫 서브와 비슷하다. 다만 공의 오른쪽 부분을 쉽게 맞히기 위해 토스를 플랫 서브의 위치보다 약간 오른쪽 앞으로 해야 한다. 왼팔을 약간 오른쪽으로 뻗으면서 공을 올리도록 하자.

02 공을 치기 위해 라켓을 등 뒤로 떨어뜨리고 왼손을 자연스럽게 앞으로 가져간다. 이때 오른쪽 팔꿈치를 머리 가까이로 치켜 올리면서 라켓 헤드를 아래쪽으로 떨어뜨린다. 마치 등을 긁는 느낌으로 라켓을 떨어뜨리면 된다.

PART 4. 서브와 서브 리턴

03 슬라이스를 치기 위해 라켓을 비스듬히 세우면서 서서히 위로 올리기 시작한다. 라켓 헤드의 끝을 머리 위로 치켜 올린다.

04 임팩트 때는 라켓 페이스로 공의 2시나 3시 부분을 맞히는데, 라켓 페이스의 손바닥 면이 약간 왼쪽을 향해 주어야 공에 사이드 스핀이 가해져 상대의 서비스 박스 코너로 들어가게 된다. 이때 라켓 헤드의 끝은 11시 정도를 가리키는 것이 좋다.

05 임팩트 이후, 라켓 헤드는 허리 높이 정도로 떨어뜨린다. 플랫 서브와 마찬가지로 내전 동작을 이용해서 공을 쳐야 파워를 낼 수 있기 때문에 라켓 페이스의 손바닥 면이 오른쪽 펜스를 향하도록 한다.

스핀 서브 Spin Serve

스핀 서브란 공을 밑에서 위로(7시 방향에서 1시 방향으로) 추켜올려서 넣는 서브를 말하는데, 주로 슬라이스 서브와 같이 두 번째 서브로 많이 사용되고 있다. 탑스핀과 거의 같은 원리로 공이 바운드된 후에 높게 튀어 오르기 때문에 상대가 리턴하기 어렵다. 또한, 스핀 서브는 체공 시간이 길고 시간적 여유가 많아서 서브를 넣고 곧바로 네트 앞으로 뛰어들어가기가 좋다. 스핀 서브를 넣을 때는 마치 다른 사람의 머리를 뒤에서 앞으로 쓰다듬는 느낌으로 하면 쉽게 넣을 수 있다.

01 공을 머리 바로 위나 약간 왼쪽으로 던지고 라켓을 들어 올리면서 왼손 끝은 자신이 토스한 방향을 가리킨다. 이때 공을 머리 위나 왼쪽 방향으로 올리는 이유는 라켓으로 공의 밑부분을 맞혀서 위로 쳐올리기 쉽게 하기 위해서이다.

02 플랫이나 슬라이스 서브와 마찬가지로 공을 치기 위해 상체를 앞으로 열면서 라켓 헤드를 밑으로 떨어뜨리고 오른쪽 팔꿈치를 위로 들어 올린다.

PART 4. 서브와 서브 리턴

03 라켓 헤드를 머리 위로 급격하게 올린다.

04 임팩트 순간에 라켓 헤드는 10시~11시 사이를 가리킨다. 이때 타점은 완전히 머리 위나 머리에서 약간 왼쪽이 되어야 하고 라켓 페이스는 자신이 보내고자 하는 방향으로 향한다.

05 피니시는 슬라이스 서브와 마찬가지로 라켓 페이스의 손바닥 면이 오른쪽을 향하고 라켓 헤드는 허리 높이로 떨어뜨린다.

> **TIP 플랫 & 슬라이스 & 스핀 서브**
>
> 플랫 서브는 강하게 넣어 시합의 주도권을 잡기 위한 서브로서 주로 첫 서브에 사용한다. 하지만 공에 스핀을 넣지 않고 치기 때문에 네트에 많이 걸리고 아웃이 되는 경향이 있어서 성공률이 높지 않다.
> 슬라이스와 스핀 서브는 주로 두 번째 서브로 많이 사용하는데, 강하게 넣는 것도 중요하지만 스핀을 조절해서 컨트롤을 잘할 수 있도록 하자. 슬라이스는 라켓 헤드를 거의 위로 세워서 공을 임팩트하고, 스핀 서브는 라켓 헤드를 거의 왼쪽으로 향하게 해서 공을 임팩트하는 것이 특징이다. 공의 코스는 슬라이스 서브는 상대방 코트의 사이드 쪽으로 날아가고, 스핀 서브는 뒤쪽 펜스 방향으로 날아간다.

◯ 서브의 포인트와 연습법

서브는 잘 구사하면 포인트를 쉽게 따낼 수 있는 중요한 기술이다. 서브의 중요한 사항들을 다시 한 번 살펴보자.

준비 자세

왼발은 베이스라인에 비스듬히 놓고 오른발은 왼발 뒤로 뺀다. 라켓 헤드 끝은 왼쪽 네트 포스트나 정면을 향하게 해서 라켓 페이스의 손바닥 면이 자신에게 보이도록 안쪽으로 약간 틀어준다. 이렇게 하면 임팩트 순간 라켓 헤드가 왼쪽을 향하기가 좋다. 또한, 라켓 페이스가 위쪽을 향하도록 해야 공을 칠 때 손목의 내전 동작을 많이 할 수 있다.

사진과 같이 오른발이 왼발과 같이 오른쪽으로 향해야 한다. 이렇게 서면 서브할 때 몸이 이미 틀어져 있으므로 불필요한 동작을 줄일 수 있고 힘 있게 서브를 넣을 수 있다.

PART 4. 서브와 서브 리턴

공과 라켓의 접촉 모양

선수가 서브를 넣기 위해 준비하는 과정에서 공을 라켓에 갖다 대는 동작이다. 실제로는 여기 설명한 것보다 종류가 훨씬 많고 다양할 수 있지만, 기본적으로 많이 하는 동작을 열거했다. 자신에게 편리한 자세를 하도록 하자.

라켓 페이스 중간에 갖다 대기

라켓 프레임 안쪽에 갖다 대기

라켓 프레임 위에 갖다 대기

라켓 목 부분에 갖다 대기

공을 잡는 방법

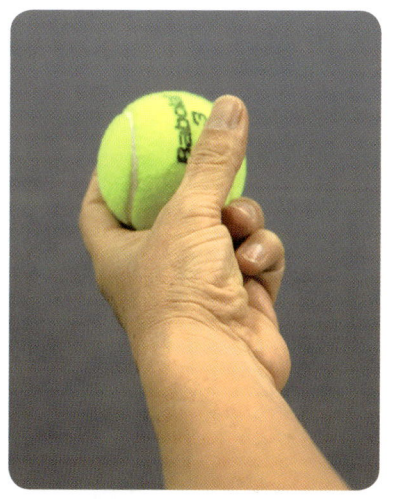

❶ 세 손가락 파지법

이 파지법은 공을 엄지, 검지, 중지 사이에 가볍게 끼워서 잡는 방법이다. 이 파지법은 공을 안전하고 정확하게 띄워 올릴 수 있는 장점이 있다. 공을 잡을 때는 손으로 감싸지 말고 펴서 잡도록 한다. 공을 두 개 잡는 경우에는 다른 한 공을 약지와 소지에 끼워서 잡으면 된다.

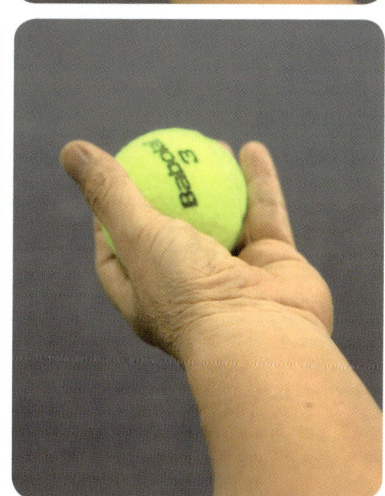

❷ 다섯 손가락 파지법

공을 다섯 손가락 사이에 끼워서 잡는 방법이다. 세 손가락 파지법보다 좀 더 쉽게 공을 올릴 수 있다는 장점이 있지만 안정성과 정확성이 조금 떨어진다.

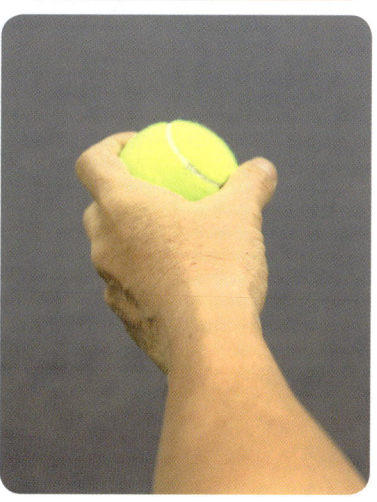

❸ 컵 잡는 모양 파지법

공을 컵을 쥐듯이 잡는 방법이다. 세 손가락 파지법과 함께 많이 사용하는 방법으로 정확성이 높은 편이다.

PART 4. 서브와 서브 리턴

토스 요령

왼팔을 완전히 뻗어 올려, 눈높이 정도에서 공을 자연스럽게 놓는다. 이때 공이 올라가면서 회전하지 않도록 주의한다. 왼팔은 던지고 싶은 방향으로 뻗어주고 손가락 모양은 끝까지 유지한다. 공은 절대로 손가락 끝으로 잡지 말고 손가락 사이에 끼워서 자연스럽게 빠져나가도록 한다.

백스윙 동작

공을 치기 위해 라켓을 위로 들어 올린 백스윙 동작으로, 왼손은 비스듬히 공을 가리키고 오른팔은 90도 정도 구부려서 최대한 위로 치켜들어 라켓 헤드를 높이 들어 올린다.

백 스크래치 동작

이 동작은 스매시와 마찬가지로 서브에서 매우 중요한 부분이다. 스윙을 시작할 때, 상체를 정면으로 향하는 것과 동시에 라켓을 잡은 손목을 뒤로 젖히면서 오른쪽 팔꿈치를 위로 들어 올린다. 서브도 스매시와 같이 스윙을 휘둘러서 한다는 느낌이 중요하다. 대부분의 초보자는 라켓을 등 뒤로 떨어뜨리지 않고 어깨 근처에서 약간의 회전으로 서브를 하기 때문에 힘이 실리지 않는다.

서브 종류별 임팩트 모양

플랫 서브
타점은 오른쪽 어깨 바로 앞이고 라켓 페이스는 정면 서비스 박스를 향한다. 라켓 헤드 끝은 10시 방향을 가리킨다.

슬라이스 서브
타점은 플랫 서브보다 약간 오른쪽이고 라켓 페이스는 비스듬히 왼쪽을 가리킨다. 라켓 헤드는 11시 방향을 가리킨다. 라켓 헤드를 완전히 세워서 치지 않도록 주의한다.

탑스핀 서브
타점은 바로 머리 위이고 공을 밑에서 위로 감아 올려야 하므로 라켓 페이스는 정면에서 약간 위쪽을 향한다. 라켓 헤드는 9시~10시 방향을 가리킨다.

피니시 동작

피니시 때는 오른팔을 완전히 펴서 앞으로 뻗고 손목은 내전 동작으로 라켓 페이스의 손바닥 면이 오른쪽으로 향하도록 틀어준다. 내전 동작은 위력적인 서브를 넣기 위해 꼭 해야 하는 것으로 플랫 서브, 슬라이스 서브, 스핀 서브에서 모두 이루어진다.

피니시 착지 동작

임팩트 이후에 착지할 때는 왼발이 앞으로 한 발 나가고 오른발을 뒤로 들어 몸의 균형을 잡는다. 초보자는 왼발보다 오른발이 앞으로 나아가는 경향이 많은데, 오른발이 앞으로 나가면 왼발로 지면을 힘차게 밀어 올릴 수가 없고 그저 발만 바꾸어서 서브를 넣는 꼴이 된다.

서브 NG

체중을 뒤에 두고 서브를 넣으면 왼발로 지면을 힘차게 밀면서 공을 치지 못한다. 체중을 앞발로 옮기면서 토스를 해 주어야 중심도 잘 잡히고 강한 서브를 구사할 수 있다.

서브 연습법

서브는 동작이 어려워 많은 연습을 요구한다. 특히 백 스크래칭 동작과 손목의 내전 동작을 잘할 수 있도록 하자. 다음에 소개된 서브 연습법을 통해 서브의 감각을 길러보자.

❶ 제자리에서 공 던지기

공을 잡고 오른쪽 팔꿈치를 90~120도 정도 구부려서 손목 스냅만으로 멀리 베이스라인 가까이 던진다. 이때 주의해야 할 사항은 던질 때, 팔꿈치를 절대 구부리지 말고 손목 스냅을 이용해서 던져야 한다. 팔꿈치를 구부려서 던지면 손목 스냅을 사용할 수 없어서 공에 가속을 줄 수 없다.

❷ 수건 돌리기

수건 끝에 공을 매달아서 곤봉 돌리듯이 계속 돌린다. 이때 되도록이면 팔꿈치를 구부리지 말고 손목 스냅을 이용하여 앞으로 뻗어야 한다. 이 연습은 서브 리듬과 손목의 내전 동작을 익히는 데 많은 도움이 된다.

❸ 의자에 앉아서 스핀 서브 넣기

베이스라인 뒤에서 네트를 향해 비스듬히 앉은 다음, 오직 상체 동작만으로 스핀 서브를 넣는다. 이때 선수는 라켓을 미리 등 뒤로 떨어뜨리고, 토스를 머리 위로 올린다. 이 연습은 스핀 서브나 슬라이스 서브를 익히는 데 많은 도움이 된다. 라켓을 길게 잡으면 임팩트 이후에 라켓이 무릎에 닿아서 원만한 스윙이 되지 않을 수 있으니 짧게 잡고 실시한다. 의자가 없다면 한쪽 무릎을 바닥에 대고 앉아서 실시해도 좋다.

02 서브 리턴

서브 리턴이란 상대방의 서브를 받아서 넘기는 기술로서 서브를 비롯한 다른 어떤 기술보다 중요하다. 서브 리턴은 일반적인 스트로크의 자세와 요령이 다르고 고도의 기술이 요구된다. 또한 첫 번째 서브는 주로 강하게 오고, 두 번째 서브는 스핀이 걸려서 오기 때문에 첫 번째와 두 번째 서브 리턴의 요령이 약간 다르다. 첫 번째 서브를 리턴할 때는 상대방의 토스가 끝난 순간에 즉시 스플릿 스텝을 하고 빠르게 움직여야 상대의 강한 서브를 몸 앞에서 받아낼 수 있다. 이때 백스윙은 짧게 하고, 서브 각도를 좁히기 위해서 앞으로 나가면서 임팩트하는 것이 좋다. 두 번째 서브는 스핀이 걸려서 오기 때문에 구질을 파악하는 것이 중요하고 강하게 리턴하여 압박하는 것이 좋다.

● 포핸드 서브 리턴 Forehand Serve Return

포핸드 서브 리턴은 포핸드 방향으로 오는 서브를 받는 기술로서, 첫 번째 서브를 받는 요령과 두 번째 서브를 받는 요령이 다르다. 첫 번째 서브 리턴의 관건은 상대의 서브 코스 파악과 빠른 준비 과정이고 두 번째 서브 리턴의 관건은 상대의 슬라이스나 스핀 서브를 어떻게 공략하느냐에 달려있다. 첫 번째 서브를 받을 때는 보통 베이스라인에서 한 걸음이나 두 걸음 뒤로 물러나 있다가 앞으로 한 발 들어오면서 스플릿 스텝을 실시한다. 두 번째 서브는 베이스라인이나 그보다 한 걸음 앞으로 들어가 있다가 앞으로 한 발 더 들어가면서 스플릿 스텝을 실시한다.

01

상대 선수의 토스가 끝난 순간, 제자리 또는 앞으로 한 발 들어가서 스플릿 스텝을 한다. 서브를 기다리는 위치는, 첫 번째 서브는 베이스라인 1보 뒤나 2보 뒤, 두 번째 서브는 베이스라인이나 그보다 1보 앞으로 들어가서 받는 것이 좋다. 첫 번째 서브는 굉장히 빠르게 들어오기 때문에 공을 잘 주시해야 한다. 예시 사진은 첫 번째 서브를 받는 동작이다.

02

상대가 서브를 넣는 순간, 상체를 빨리 틀고 라켓을 짧고 간결하게 뒤로 뺀다. 라켓을 의도적으로 뒤로 빼는 것이 아니라, 상체를 틀어서 짧게 빼고 몸 앞에서 공을 맞히는 느낌으로 하면 좋다. 만약 라켓을 길게 뒤로 뺀다면 임팩트가 너무 늦게 되어서 공이 사이드 방향으로 향하게 된다. 첫 번째 서브 리턴 시 백스윙은 상체를 빨리 돌리면서 오른발에 체중을 두고 왼발을 앞으로 내밀 준비를 해야 한다. 두 번째 서브는 백스윙을 여유 있게 해서 강하게 리턴하고 압박을 주는 것이 좋다.

03

오른발을 축으로 지면을 힘차게 차면서 왼발을 앞으로 내밀고 몸 앞에서 공을 임팩트한다. 이때 오른쪽 팔꿈치는 약간 구부린 상태를 유지하고 라켓 페이스는 자신이 보내고자 하는 방향으로 향해야 한다. 공을 세게 치지 말고 그저 자신이 보내고자 하는 방향으로 몸 앞에서 맞혀 보낸다는 느낌으로 친다.

04

임팩트 이후에는 상체를 완전히 돌려 오른쪽 어깨가 앞으로 나오고 오른발을 자연스럽게 앞으로 내민다. 라켓은 왼쪽 어깨 앞에 위치한다. 포핸드 서브 리턴의 핵심은 몸 앞에서 발리하는 느낌으로, 공을 펀칭하듯이 짧게 치는 것이다. 첫 번째 서브를 리턴할 때는 크로스 방향으로 하는 것이 좋다.

○ 원핸드 백핸드 서브 리턴 One-hand Backhand Serve Return

원핸드 백핸드 서브 리턴은 자신의 백핸드 방향으로 오는 서브를 한 손으로 받는 기술이다. 첫 서브 리턴의 타법은 주로 플랫이나 슬라이스를 많이 사용하고 두 번째 서브 리턴은 플랫이나 탑스핀을 섞어서 많이 사용한다. 리턴 위치와 요령은 포핸드 서브 리턴과 거의 같다.

01

포핸드 서브 리턴과 마찬가지로 서브를 받기 전에 제자리나 그보다 한 발 앞으로 더 들어가서 서브를 받을 준비를 한다. 예시 사진은 첫 번째 서브를 받는 동작이다.

02

상대 선수가 토스를 하면 제자리나 앞으로 한 발 들어가서 상체를 최대한 빨리 틀고 라켓은 간결하게 뒤로 뺀다. 이때 라켓을 먼저 뒤로 빼지 말고 복부가 중심이 되어 상체를 먼저 돌리도록 하자. 체중은 왼발에 두고 오른발을 앞으로 내밀 준비를 한다.

PART 4. 서브와 서브 리턴

03

상체를 앞으로 약간 숙이고 오른발을 대각선 앞으로 내밀면서 최대한 몸 앞에서 공을 맞힌다. 이때 체중은 완전히 오른발에 두고 왼팔은 자연스럽게 뒤로 펴서 균형을 잡는다.

04

임팩트 이후에 가슴은 완전히 정면을 향하고 라켓 헤드는 오른쪽 어깨 위로 자연스럽게 든다. 이때 뒤에 있는 왼발을 앞으로 당겨 중심을 잡는다. 마치 발리를 하듯이 짧게 처리하는 것이 좋다.

투핸드 백핸드 서브 리턴 Two-hand Backhand Serve Return

투핸드 백핸드 서브 리턴은 원핸드 백핸드 서브 리턴과 요령이 같다. 그립은 자신이 투핸드 백핸드 스트로크를 칠 때 즐겨 쓰는 그립을 사용한다. 만약 상대 서브의 각도가 깊어서 투핸드 그립으로 거리를 따라가기가 어렵다면 한 손으로 리턴을 한다. 한 손으로 리턴할 때는 이스턴 백핸드 그립이나 컨티넨탈 그립으로 잡아서 슬라이스로 처리하면 좋다.

01

준비 자세는 원핸드 백핸드와 마찬가지로 상대의 토스가 끝나면, 제자리나 그보다 앞으로 전진하여 스플릿 스텝을 한다. 예시 사진은 첫 번째 서브를 받는 동작이다.

02

공이 오면 상체를 최대한 빨리 틀고 라켓을 짧게 뒤로 뺀다. 체중은 왼발에 두고 오른발을 내밀 준비를 한다. 그립은 신속하게 투핸드 백핸드 그립으로 바꿔주어야 한다.

03

서브의 각도를 줄이기 위해 오른발을 대각선 앞으로 내밀고 몸 앞에서 공을 임팩트한다. 라켓 페이스는 자신이 보내고자 하는 방향으로 향하는데, 되도록 세게 치려고 하지 말고 크로스로 안전하게 리턴하는 것이 좋다.

04

임팩트 이후, 상체는 정면을 향하고 라켓 헤드는 오른쪽 어깨 위에 유지시킨다. 이때 왼발을 자연스럽게 오른발 앞으로 끌고 오면서 균형을 잡는다.

○ 서브 리턴의 응용

몸 쪽으로 날아오는 포핸드 서브 리턴

01

준비 자세는 포핸드 서브 리턴의 요령과 같다. 상대방의 토스가 끝나면 제자리나 한 발 앞으로 들어가서 스플릿 스텝을 한다.

02

상대방의 서브가 몸쪽으로 날아오면 왼발을 왼쪽으로 옮기면서 상체를 비스듬히 틀고 백스윙을 한다.

03

오른발을 왼발에 붙이면서 사이드 스텝을 실시한다. 이때 라켓을 높이 들어서 공을 바로 칠 준비를 한다.

PART 4. 서브와 서브 리턴

04

몸을 완전히 왼쪽으로 비켜서고, 백스윙을 한다. 체중은 왼발에 두고 왼손은 앞으로 뻗어서 몸의 균형을 잡는다.

05

체중을 왼발에 그대로 둔 채로 임팩트한다. 이때 타점은 최대한 몸 앞에서 맞힌다. 마치 포핸드 바디샷을 치는 느낌으로 몸을 비켜서 실시하면 된다.

06

임팩트 이후, 왼발을 축으로 스윙하면서 오른쪽 어깨를 앞으로 내민다. 스윙은 짧고 간결하게 왼쪽 어깨에서 마무리한다.

몸 쪽으로 날아오는 백핸드 서브 리턴

01

준비 자세는 포핸드 서브 리턴의 요령과 같다. 상대방의 토스가 끝나면 제자리나 한 발 앞으로 들어가서 스플릿 스텝을 한다.

02

상대 서브가 몸쪽으로 날아오면 정확한 타점을 확보하기 위해 사이드 스텝을 하여 중심을 오른쪽으로 옮긴다.

03

몸을 오른쪽으로 비켜서기 위해 사이드 스텝을 실시한다. 왼발을 오른발에 갖다 대면서 체중을 오른쪽으로 옮기기 시작한다.

PART 4. 서브와 서브 리턴

04
오른발을 오른쪽으로 빼면서 몸을 완전히 오른쪽으로 비켜서고 짧게 백스윙을 한다. 이때 주의해야 할 사항은 상체를 최대한 빨리 틀고 백스윙도 빨리 하는 것이다.

05
체중을 완전히 오른쪽에 두고 공을 임팩트한다. 이때 타점은 몸 앞에서 맞히도록 한다.

06
임팩트 이후에도 체중은 계속 오른발에 유지하고 스윙은 오른쪽 어깨 위에서 마무리한다.

PART 5

단식 및 복식 전술

PART 5. 단식 및 복식 전술

01 단식 경기 전술

테니스 경기에서 좋은 성적을 얻기 위해서는 먼저 탄탄한 기본기, 강인한 체력과 정신력 그리고 자신의 기량을 마음껏 펼칠 수 있는 경기 전술이 필요하다. 이것은 다양한 경기 상황에 대처하기 위한 필수요건이라고 할 수 있다. 단식 경기에서의 승패는 상대 코트에 어느 정도로 정확하고 안전하게 공을 보낼 수 있느냐에 따라 결정된다. 따라서 공의 속도, 스핀의 정도 등을 생각해 가장 효과적인 타구가 무엇인가를 고려해야 한다.

○ 단식 경기 유의사항

❶ 공은 주로 상대 베이스라인 가까이로 깊게 친다
단식 경기에서는 공의 속도가 조금 느리더라도 베이스라인 가까이에 떨어지도록 치는 것이 안정적이다. 짧게 치면 공은 빠를지라도 반격을 받기 쉽다.

❷ 타구는 크로스 방향으로 친다
크로스 방향(대각선)으로 타구하는 것이 다운 더 라인 방향(직선)으로 타구하는 것보다 더 안정적이고 성공률이 높다. 크로스 방향은 직선 방향보다 거리가 더 길고, 네트의 중앙은 사이드보다 높이가 더 낮기 때문이다.

❸ 상대의 취약한 부분을 집중적으로 공격한다
대부분의 사람은 백핸드 쪽이 약하다. 따라서 조금 여유가 있을 때 상대의 백핸드 쪽으로 깊은 샷을 쳐서 상대로부터 짧은 샷을 유도하고, 그 공을 다시 포핸드 쪽으로 공략한다.

❹ 지속적인 랠리로 상대의 실수를 유도한다
상대가 좌우로 계속 뛰어다니면 많은 체력 소모와 빈 공간이 생겨서 실수할 확률이 높아진다.

❺ 크로스 랠리 상황에서는 쉽게 다운 더 라인 방향으로 전환하지 않는다
크로스로 랠리할 때는 상대의 공이 짧게 떨어졌을 경우에만 다운 더 라인으로 공략한다. 다운 더 라인으로 공략할 때는 상대적으로 코트 거리가 짧고, 네트가 높기 때문에 간결한 스윙으로 결정적인 샷을 날려야 유리하다. 어설프게 공을 치면 크로스 방향으로 역공을 당할 수 있으므로 주의하자.

❻ 실수를 줄이는 것이 승리의 관건이다
테니스 경기에서는 실수를 줄이는 것이 승리의 관건이다. 어떤 경기든 실수가 승패의 80% 이상 좌우하고, 20% 정도는 기술력으로 결정된다. 따라서 경기에서 이기기 위해서는 결정타로 포인트를 얻는 것보다 좋은 경기 운영과 적절한 샷을 구사하여, 상대를 곤경에 빠트리게 하는 것이다.

TIP 단식 경기 기본 전략

① 서로 베이스라인 뒤에서 랠리를 한다면, 네트에서 1.5~2m 높이 이상으로 공을 친다.
② 공을 칠 때, 사이드라인에서 1.8m, 베이스라인에서 1.8m 안쪽을 보고 안전하게 랠리를 한다.
③ 랠리 도중 위험한 상황에 처했거나 수비를 할 때는 샷을 높고 길게 크로스로 치고, 다음 샷을 준비한다.
④ 기본적으로 상대방 코트 중앙으로 깊숙이 가는 스트로크를 친다.
⑤ 아무리 완벽한 선수라 해도 항상 모든 각도의 공을 커버할 수는 없으므로 빈 공간이 생기기 마련이다. 기회가 되면 상대를 코너로 몰아 빈 공간을 만들고 결정타를 날릴 수 있도록 하자.
⑥ 시합을 하기 전에 상대의 장단점을 파악하는 것이 매우 중요하다. 상대가 백핸드 스트로크가 약하다면 그 부분을 계속 공략하고, 반대로 상대가 가장 선호하고 결정력이 좋은 스트로크는 미리 차단하도록 한다.
⑦ 주위 환경 여건에 적응하는 것도 중요하다. 시합 당일의 기후조건, 즉 햇빛, 바람, 습기 등은 경기에 많은 영향을 미칠 수 있다. 따라서 야외에서 시합이나 연습을 하여 각 상황에 따라 유연하게 대처할 수 있는 능력을 길러야 한다. 만약 바람이 뒤에서 불어올 때는 탑스핀을 많이 걸고, 맞바람이 칠 때는 더 낮고 강하게 치는 것이 좋다.

○ 단식 경기 기본 전술

❶ 사이드 쪽으로 계속해서 공을 주어 상대 선수를 한쪽으로 몰면 제자리로 돌아오는 시간이 늦어진다. 이때를 놓치지 말고, 반대쪽 사이드를 공략하여 상대 선수가 반구하기 어렵게 만들자.

ⓐ - 연습자, ⓑ - 상대 선수

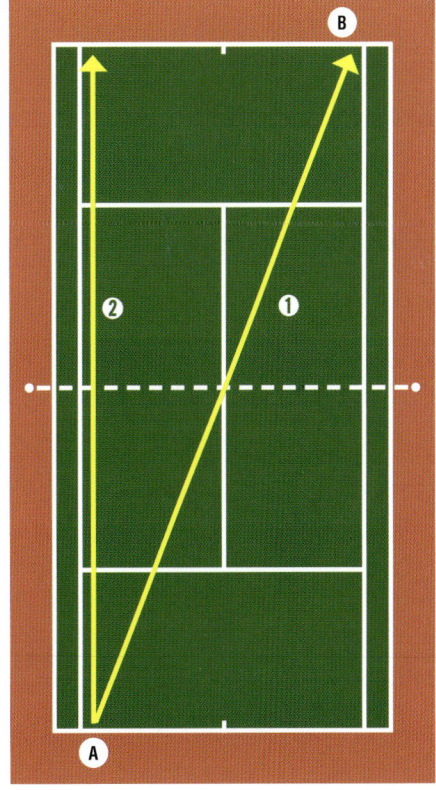

PART 5. 단식 및 복식 전술

❷ 모든 샷은 80%가 그림의 노란색 점선 안에 떨어진다. 사이드나 베이스라인 근처를 너무 무리하게 겨냥하지 말고, 안정적으로 랠리를 하면서 찬스가 나면 빈 곳을 노려 공격한다.

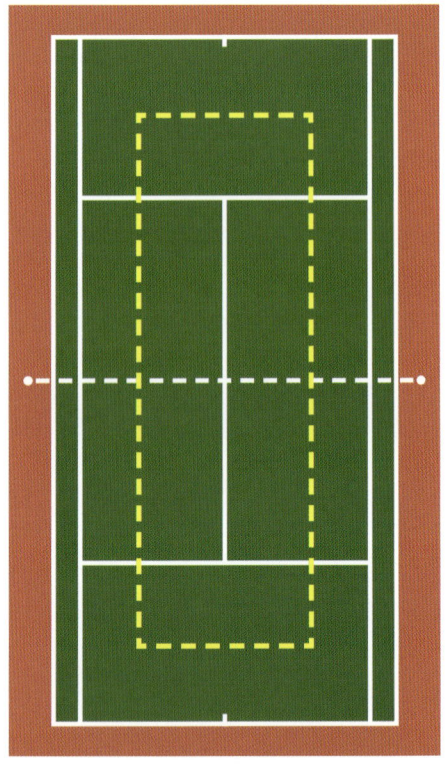

❸ 서로 크로스로 랠리를 하다가 상대 선수로부터 짧은 공이 오면, 앞으로 달려가면서 스트레이트로 공격한다.

Ⓐ - 연습자, Ⓑ - 상대 선수

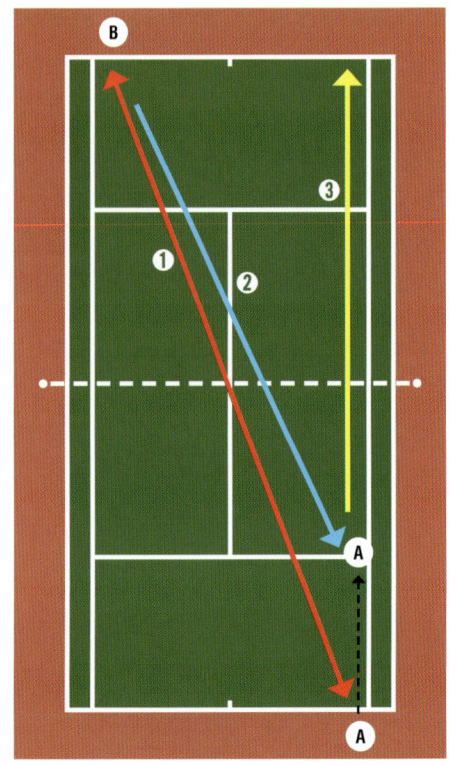

❹ 서로 크로스로 랠리를 하다가 상대 선수로부터 빗금친 부분으로 짧은 공이 오면, 앞으로 달려가면서 앵글샷으로 각을 많이 주어 상대 선수를 코트 밖으로 몰아낸다.

Ⓐ – 연습자, Ⓑ – 상대 선수

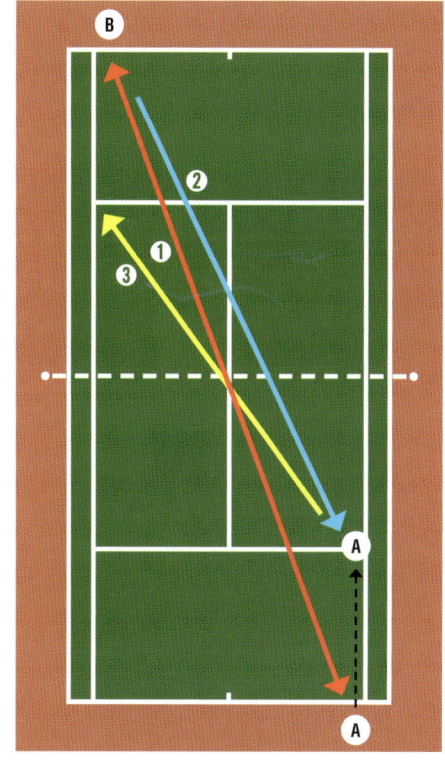

❺ 서로 중앙으로 랠리를 하다가 상대 선수로부터 백핸드 쪽으로 짧게 공이 오면, 포핸드로 돌아서 상대의 백핸드 쪽으로 공격한다. 공격할 때는 재빨리 달려가서 왼쪽 어깨가 상대방을 가리킬 정도로 몸을 틀고 포핸드 스트로크를 친다.

Ⓐ – 연습자, Ⓑ – 상대 선수

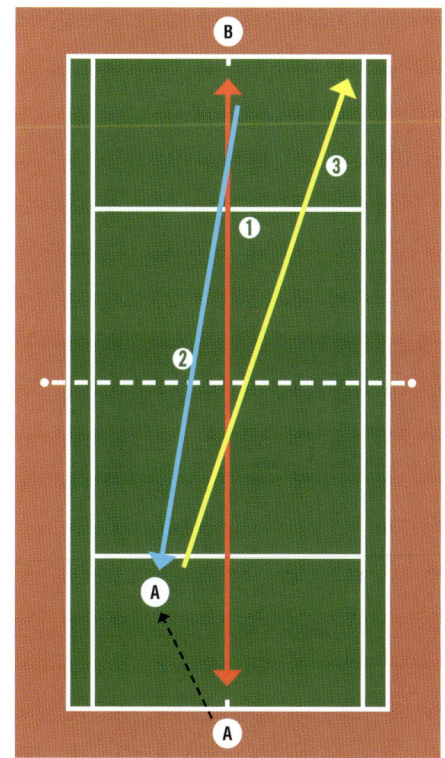

❻ 서로 크로스로 랠리를 하다가 상대 선수로부터 약하게 백핸드 스트로크가 오면, 백핸드 쪽으로 크게 돌아서서 상대의 백핸드 쪽으로 포핸드 스트로크를 한다.

Ⓐ - 연습자, Ⓑ - 상대 선수

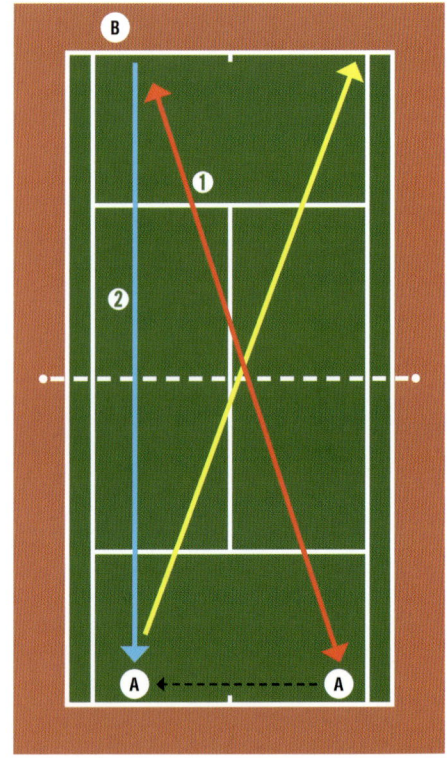

❼ 서로 랠리를 하다가 깊은 스트로크가 오면, 백핸드 루프 드라이브로 쳐서 상대로부터 짧은 공을 유도한다. 공이 짧게 오면 빈 공간을 공격한다.

Ⓐ - 연습자, Ⓑ - 상대 선수

> **TIP 루프 드라이브**
>
> 상대의 볼이 높고 완만하게 바운드했을 때 치는 방법으로서 우선 허리를 낮추고, 라켓 면으로 원을 그리는 것처럼 아래쪽부터 공을 문질러 왼쪽 어깨 위에서 스윙을 마무리한다.

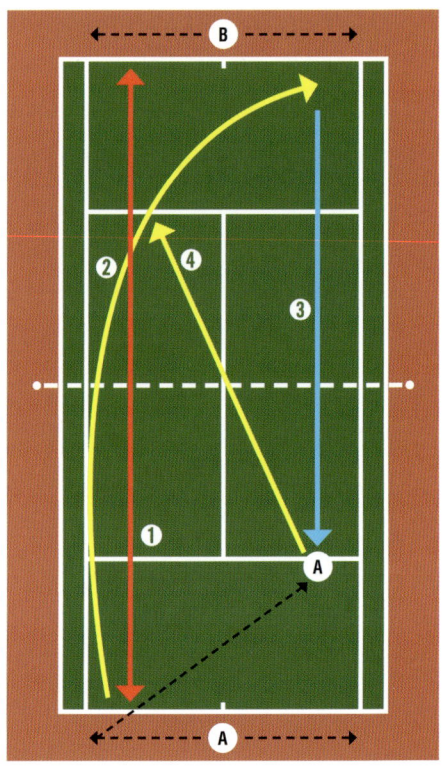

❽ 서로 백핸드 슬라이스로 랠리를 하다가 상대로부터 짧은 공이 오면 스트레이트나 앵글 샷을 시도한다.

Ⓐ – 연습자, Ⓑ – 상대 선수

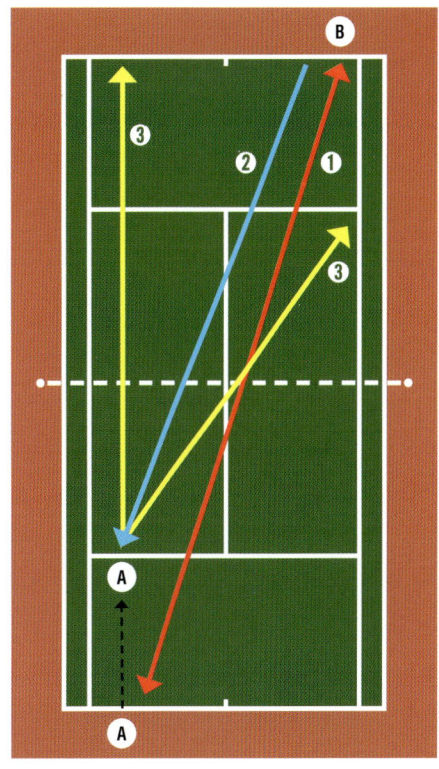

❾ 서로 중앙으로 랠리를 하다가 상대 선수로부터 서비스라인 근처로 짧은 공이 오면, 강한 플랫 드라이브로 공격하고 네트로 전진하여 발리나 스매시로 마무리한다.

Ⓐ – 연습자, Ⓑ – 상대 선수

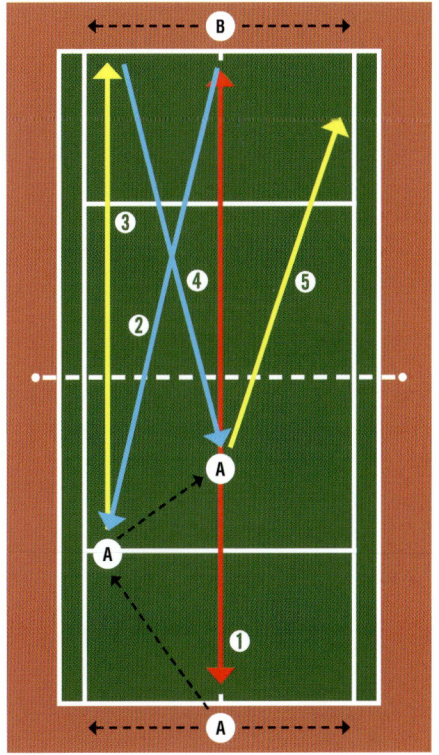

⑩ 서로 랠리를 주고받다가 상대 선수로부터 미드 코트로 짧은 공이 오면, 센터 쪽으로 어프로치 샷을 치고, 네트 앞으로 들어간다. 이때 상대 선수와 같은 직선 상에 위치하면 빗금친 부분을 제외하고 대응을 할 수 있다. 반대편으로도 마찬가지로 할 수 있으며 이 전술을 센터 코트 시어리(center court theory)라고 한다.

Ⓐ - 연습자, Ⓑ - 상대 선수

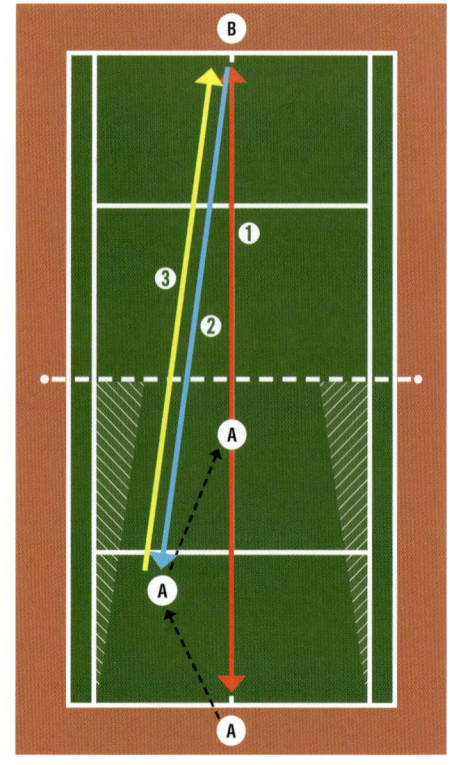

⑪ 서로 랠리를 주고받다가 상대 선수로부터 미드 코트로 짧은 공이 오면, 상대방의 포핸드 방향으로 치고 들어가서 위치를 잡는다. 이때 그림과 같이 센터 서비스라인에서 한 발 정도 왼쪽에서 같은 직선 상에 위치하는 것이 좋다. 이때, 빗금 친 부분의 공백은 대각선으로 나가면서 하는 포핸드 발리로 커버를 할 수 있다. 반대편으로도 마찬가지로 할 수 있으며 이 전술을 크로스 코트 시어리(cross court theory)라고 한다.

Ⓐ - 연습자, Ⓑ - 상대 선수

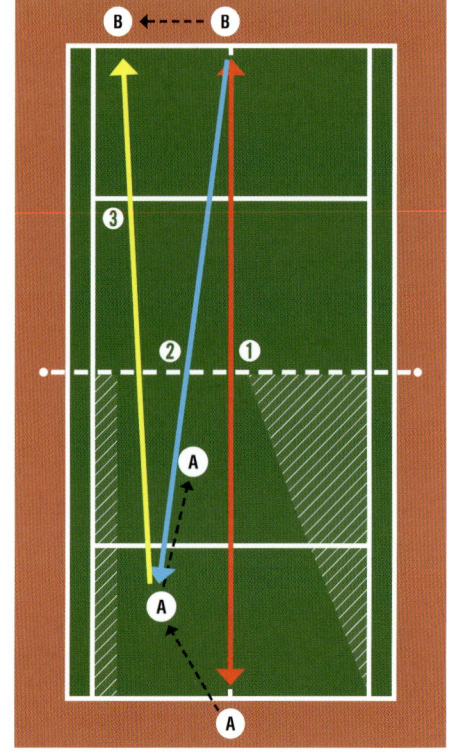

⑫ 서브할 때 상대 서비스 코트의 코너 쪽으로 서브를 넣어 상대 선수를 코트 밖으로 몰아낸다. 그다음 상대 선수의 리턴을 애드 코트(225쪽 용어설명 참조)의 빈 공간에 스트레이트로 공격을 한다.

Ⓐ – 연습자, Ⓑ – 상대 선수

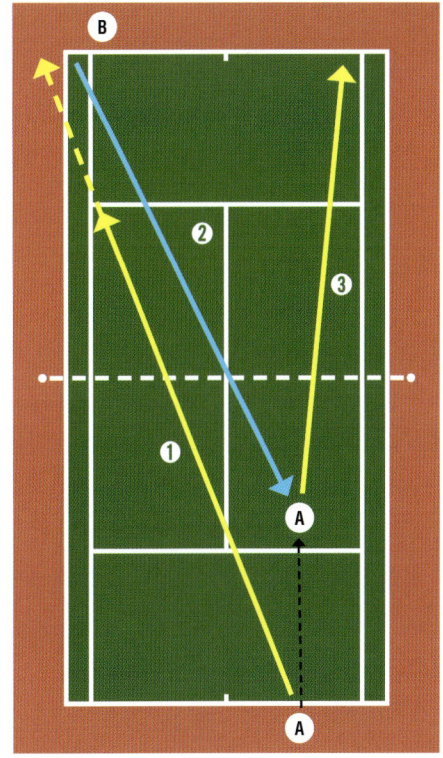

02 복식 경기 전술

복식 경기는 단식 경기와 달리 두 사람이 한 팀이 되어 경기를 진행하므로 무엇보다 팀워크가 중요하다. 아무리 뛰어난 실력을 갖춘 선수들로 이루어졌다고 하더라도 호흡이 맞지 않으면 경기에서 패배하게 된다. 복식 경기는 단식 경기보다 경기 흐름이 더욱 빠르고, 상대방의 허점을 공략해야 하므로 빠른 반사 능력을 필요로 한다.

○ 복식 경기 유의사항

❶ 경기 중에는 공을 주시하고, 정신을 집중해야 한다

복식 경기는 단식 경기보다 진행이 더 빠르다. 파트너와 호흡도 굉장히 중요하기 때문에 신경 써야 할 부분도 많다. 움직이는 동선과 위치 선정에 있어서 문제가 생기지 않도록 서로 사인을 주고 게임에 집중함으로써 실수가 없도록 하자.

❷ 서로 상호 협조적이고 혼연일체가 되어야 한다

복식 경기는 파트너와의 호흡이 무엇보다도 중요하다. 평소에도 함께 연습을 많이 함으로써 소통을 자주 하고 좋은 팀워크를 만들 수 있도록 하자.

❸ 네트 플레이를 시도하여 공격적으로 경기 운영을 해야 한다

복식 경기에서의 네트 플레이는 상대를 압박하고 시합을 유리하게 운영하는 데 매우 중요하다. 방어적으로 게임을 하면 상대가 먼저 기습적으로 네트 플레이를 할 수 있으므로 공격적으로 경기를 운영하도록 하자.

◯ 복식 경기 대형

복식 경기는 일반적으로 다음과 같은 대형을 갖추어 경기를 진행한다.

❶ 평행진

두 명의 선수가 나란히 서서 경기하는 대형으로, 두 사람 사이의 간격이 중요하다. 샷에 의해 움직일 때 두 선수가 똑같은 간격으로 좌우를 움직여야 한다. 이와 같이 올바른 평행진의 포지션과 움직임을 알고 있으면, 상대 팀은 패싱 샷을 사이드로 칠 것인지, 중앙으로 칠 것인지 혼란에 빠져 실수할 확률이 높아진다.

PART 5. 단식 및 복식 전술

❷ 사선형

한 사람은 공격으로 네트 근처에 위치하고, 다른 한 사람은 수비로서 베이스라인 부근에서 경기를 한다. 이때 네트 근처에 위치한 사람은 공격뿐만 아니라 수비도 같이 해야 한다. 이 대형에서 자주 사용하는 일반적인 패턴은 뒤에 있는 후위가 찬스를 만들고 전위가 공격하는 방법이다. 하지만 상대가 센터라인 근처로 공을 보내면 받기 어렵다.

> **TIP** 복식은 전위와 후위의 위치 결정이 중요하다
>
> 복식 경기에서 중요한 것은 누가 코트의 오른쪽을 지키고, 누가 왼쪽을 지키느냐를 정하는 것인데, 이는 선수의 성격이나 플레이 스타일을 잘 고려해서 결정해야 한다. 오른쪽 사이드는 주로 성실하고 경기 운영을 잘하며, 전위에게 찬스를 잘 만들어주는 사람이 좋다. 왼쪽 사이드는 성격이 호탕하고 민첩하며 결정력이 높고 공을 보는 눈이 빠른 사람이어야 한다. 일반적으로는 후위보다 다소 경험이 많고 실력이 뛰어난 사람이 전위를 맡는 것이 좋다.

⭕ 서비스 전술

복식 경기에서는 첫 서비스 게임을 따면, 시합을 리드할 수 있으므로 매우 중요하다. 첫 서브를 실패하면, 두 번째 서브에서 쉽게 공격을 당하기 때문에 첫 서브를 정확하고 강하게 넣을 수 있어야 한다.

❶ 첫 번째 서브와 두 번째 서브

첫 번째 서브는 상대가 싫어하는 코스를 노려서 하는데, 예를 들어 상대가 포핸드에 약하면 80%는 포핸드 쪽으로 서비스를 집중적으로 넣는다. 만약 상대가 작전을 파악하고 포핸드 쪽으로 미리 자리를 잡으면 백핸드 쪽으로 넣는다.

두 번째 서브는 첫 번째 서브와 마찬가지로 임팩트 시 라켓의 속도를 떨어뜨리지 않고 똑같은 속도로 치는데, 너무 어려운 코스로 넣지 않도록 한다. 가장 좋은 방법은 공에 최대한 많은 스핀을 걸어서 상대의 몸 앞으로 치는 것이다.

❷ 서브 후 네트로 전진하기

첫 번째 서브 후에 네트로 전진하는 것은 복식 경기에서 매우 중요하다. 초보자는 일반적으로 서브 후에 네트로 전진하는 것이 힘들다고 생각하기 쉬운데, 재빠르게 움직일 수 있도록 연습하는 것이 좋다.

❸ 서브 후 첫 발리하기

첫 번째 서브를 넣는 위치는 최대한 센터 마크와 가까운 곳으로 한다. 이유는 상대의 백핸드 쪽으로 서브를 넣기가 유리하고, 네트로 빨리 접근하여 발리를 할 수 있기 때문이다. 첫 발리를 성공하기 위해서는 우선 서브 후, 네트로 달려가서 상대가 공을 치기 직전에 서비스라인 근처에서 스플릿 스텝을 하는 것이 좋다. 일반적으로 첫 발리는 코트에 바운드시키지 않고 바로 로우 발리로 처리해야 한다고 생각하지만, 코트에 한 번 바운드시켜서 하프 발리로 처리하는 것이 더 안정감이 있고 심리적으로 여유가 있다.

리시브 전술

❶ 리시버의 위치

리시버는 서버의 위치를 고려하여 자리를 잡도록 한다. 서버가 사이드라인 쪽으로 치우쳐서 서브를 하면 리시버도 사이드라인 쪽으로 이동하고, 서버가 중앙에서 서브를 하면 리시버도 중앙으로 이동해야 한다. 첫 번째 서브는 강하게 넣는 경우가 많아서 리시브가 나쁘게 되어 상대 팀 전위에게 공이 갈 수도 있다. 따라서 리시버의 파트너는 첫번째 서브의 경우 뒤에 위치하는 것이 좋고, 반대로 두 번째 서브는 상대적으로 약하기 때문에 리시브가 성공할 확률이 높으므로 네트 플레이를 하기 좋게 앞으로 들어가는 것이 좋다.

S - 서버, SP - 서버 파트너, R - 리시버, RP - 리시버 파트너

※ R1, RP1은 첫번째 서브를 받을 때의 위치이고, R2, RP2는 두번째 서브를 받을 때의 위치이다.

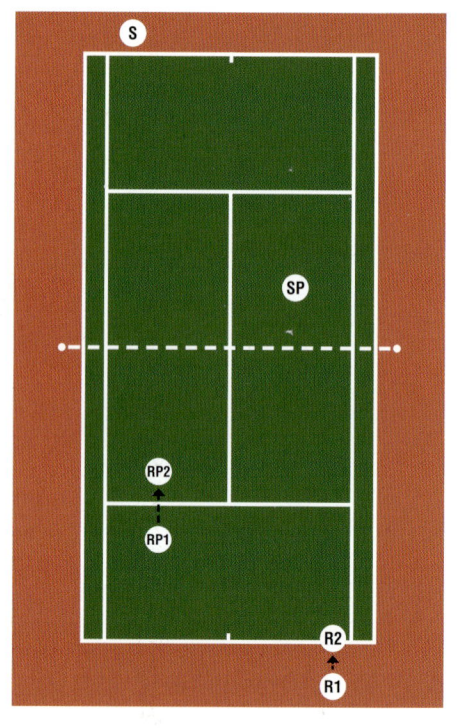

❷ 서브를 받을 때의 리시버와 리시브 파트너의 위치

①번은 리시버가 강하게 리턴할 수 있을 때의 위치, ②번은 리시버의 리턴이 좋지 않을 때의 위치, 그리고 ③번은 수비 위주의 플레이를 할 때의 위치이다. 각각의 위치를 파악하고 상황에 따라 바로 위치할 수 있도록 하자.

S - 서버, SP - 서버 파트너, R - 리시버, RP - 리시버 파트너

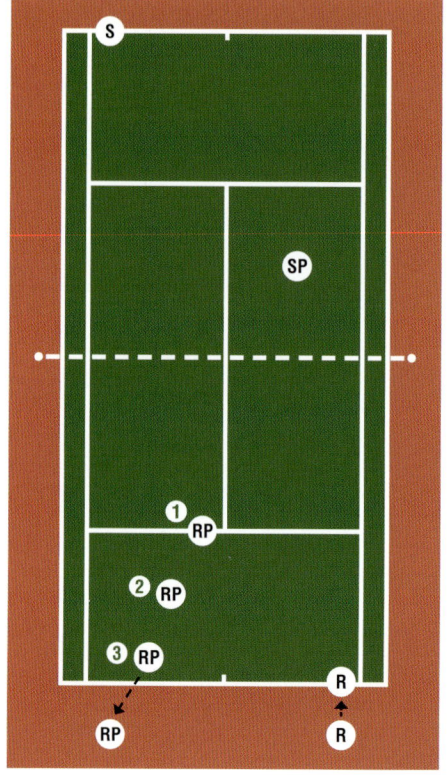

❸ 리시브 코스

1 각도 있는 리시브를 하는 것이 좋다 (①번 코스)

상대의 전위가 포칭하기 어렵도록 각도가 있는 리시브를 하는 것이 좋다. 만약 상대 팀 베이스라인 깊은 곳으로 리시브를 하면, 상대 팀 전위에게 걸려서 실점을 하기 쉽다. 각도가 없다는 것은 그만큼 상대 팀 전위의 포칭에 쉽게 걸린다는 것을 의미한다.

2 기습적인 스트레이트 리시브도 효과적이다 (②번 코스)

상대 팀의 전위를 피하기 위해서 기습적으로 스트레이트 리시브를 하는 것도 효과적이다. 스트레이트로 리시브를 하는 것은 상대 팀 전위가 발리를 하는 위험을 막을 수 있고, 상대가 크로스 리턴을 포칭하려고 할 때, 기습적으로 스트레이트를 치면 간단하게 득점을 올릴 수 있다.

3 상대 팀 전위의 머리를 넘기는 스트레이트 로브로 리시브하는 것도 좋다 (③번 코스)

상대 팀 전위의 머리를 넘기는 스트레이트 로브로 리시브를 하면 세 가지가 유리하다. 첫 번째는 서버를 반대로 뛰게 해서 실수를 유발하게 할 수 있다. 두 번째는 상대 팀 전위의 머리 위로 공을 올려서 네트로 다가갈 수 있는 시간을 벌 수 있다. 마지막으로 상대의 진영을 무너뜨려서 빈틈을 만들 수 있다.

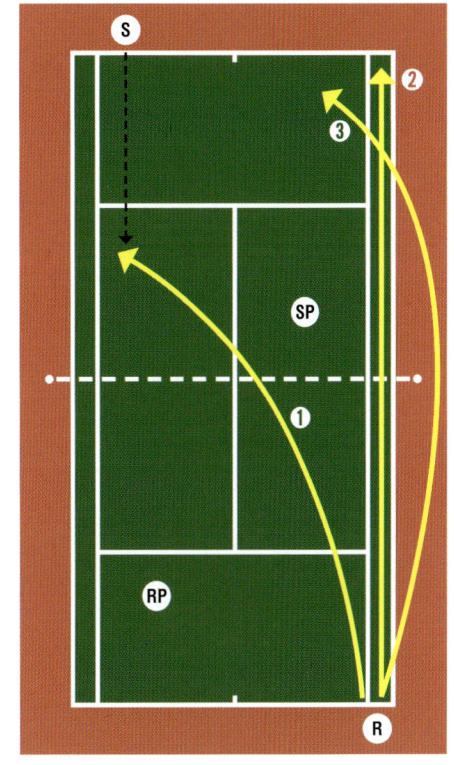

> **용어 설명 포칭**
> 복식 경기에서 네트 앞에 있는 선수가 결정타를 치기 위해 자기 파트너의 공을 가로채는 전술을 말한다.

❹ 파트너와의 호흡

리시브 파트너는 자기 팀의 리시버가 안심하고 리시브할 수 있도록 뒤에서 수비를 잘 해주어야 하고, 리시브가 안전하게 넘어갔을 때, 네트로 전진하여 적극적으로 움직이면서 상대에게 압박을 가해야 한다. 랠리 중 상대 팀 전위가 포칭을 시도하기 전에 과감하게 먼저 포칭을 시도할 필요도 있다.

> **용어 설명 듀스 코트와 애드 코트**
> **듀스 코트** 오른쪽에서 서브하는 코트. 점수가 듀스일 때 이 코트에서 서브를 하기 때문에 듀스 코트라고 불린다.
> **애드 코트** 왼쪽에서 서브하는 코트. 어드벤티지 스코어에서 서브를 하는 코트.

○ 복식 경기 상황별 다양한 전술

❶ 상대 팀이 베이스라인 뒤에서 평행진을 취했을 때, 발리 코스

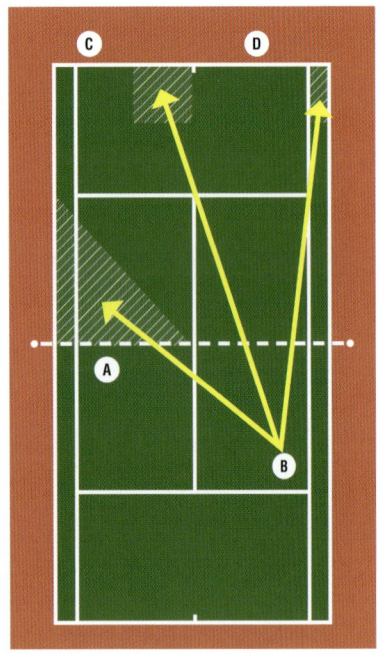

❷ 상대 팀이 사선형을 취했을 때, 발리 코스

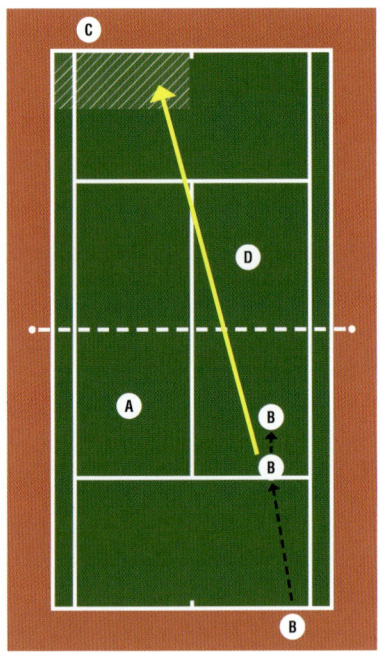

❸ 상대 팀이 네트 앞에서 평행진을 취했을 때, 찬스 공의 코스

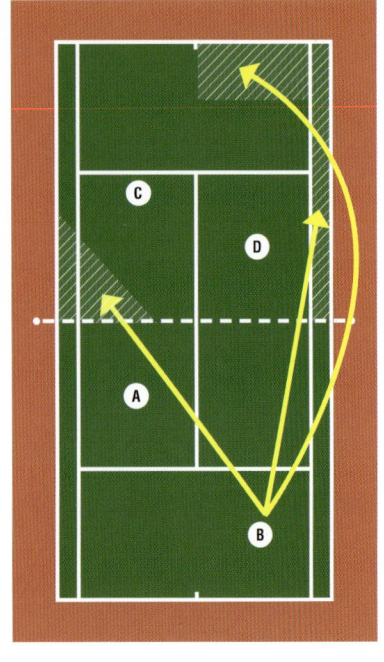

❶ 상대 팀이 베이스라인 뒤에서 평행진을 취했을 때, 발리 코스
발리하는 사람은 상대방 듀스 코트 백핸드 쪽으로 길게 보내거나 네트 앞의 코너 쪽으로 보낸다.

❷ 상대 팀이 사선형을 취했을 때, 발리 코스
서버가 서브를 넣고 네트 앞으로 전진하여 하프 발리나 로우 발리를 상대편 백핸드 쪽으로 길게 보낸다.

❸ 상대 팀이 네트 앞에서 평행진을 취했을 때, 찬스 공의 코스
미드 코트로 짧은 찬스 공이 왔을 때 상대편 오른쪽 코너나 다운 더 라인 앨리 지역으로 공격한다. 때에 따라서 애드 코트의 전위 뒤로 공격 로브를 띄워도 좋다.

❹ 상대 팀이 베이스라인 뒤에서 평행진을 취했을 때, 찬스 공의 코스

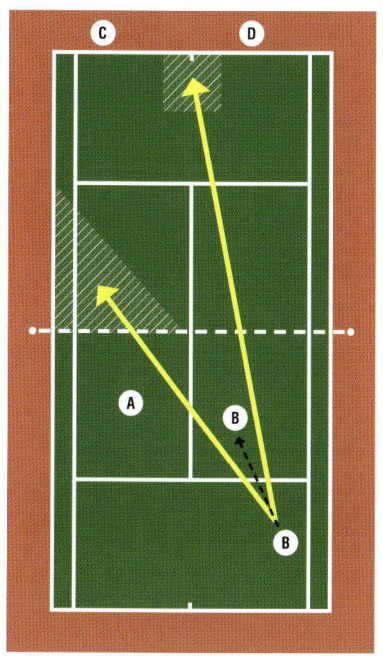

❺ 상대 팀이 네트 앞에서 평행진을 취했을 때, 찬스 공의 코스

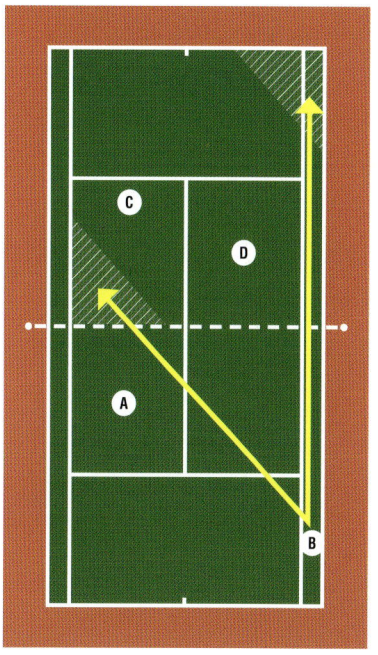

❻ 호주식 복식 전술

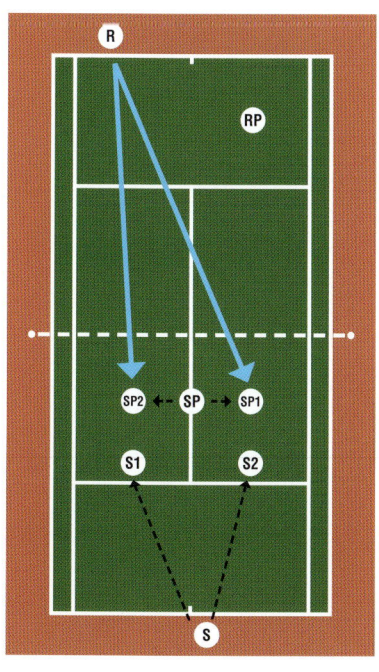

❹ 상대 팀이 베이스라인 뒤에서 평행진을 취했을 때, 찬스 공의 코스

미드 코트로 공이 날아왔을 때 양 선수의 센터 쪽으로 공격하거나 왼쪽 사이드라인 쪽으로 각도 있는 앵글 샷을 구사한다.

❺ 상대 팀이 네트 앞에서 평행진을 취했을 때, 찬스 공의 코스

상대로부터 사이드라인 쪽으로 앵글 샷이 날아왔다면 상대의 네트 앞 쪽으로 앵글 샷을 치거나 다운 더 라인 코스의 앨리 지역 근처의 애드 코트 쪽으로 공격한다.

❻ 호주식 복식 전술

호주식 복식 전술로서 일명 I 포메이션이라고도 한다. 서버와 서버 파트너가 서브를 넣기 전에 미리 사인을 정해놓고 사인에 의해 서버 파트너가 오른쪽이나 왼쪽으로 포칭을 나간다. 서버는 서버 파트너의 반대 방향으로 뛰어 들어가면 된다.

PART 5. 단식 및 복식 전술

○ 복식 경기 전술 연습법

❶ 서브 넣고 전진하여 발리 연결 연습

서버는 두 번째 서브를 넣고 네트 앞으로 전진하여 서비스라인 근처에서 첫 발리를 한다. 그다음 한 발 앞으로 전진하여 두 번째 발리를 실시한다. 이때, 리시버는 리시브하기 직전에 반드시 스플릿 스텝을 하도록 하자. 그다음 서로가 시합과 같은 상황으로 연결을 계속한다. 반대쪽도 같은 방법으로 하고, 개인당 한 번씩 실시하고 교대한다.

ⓢ – 서버, Ⓡ – 리시버, ◯ – 대기자

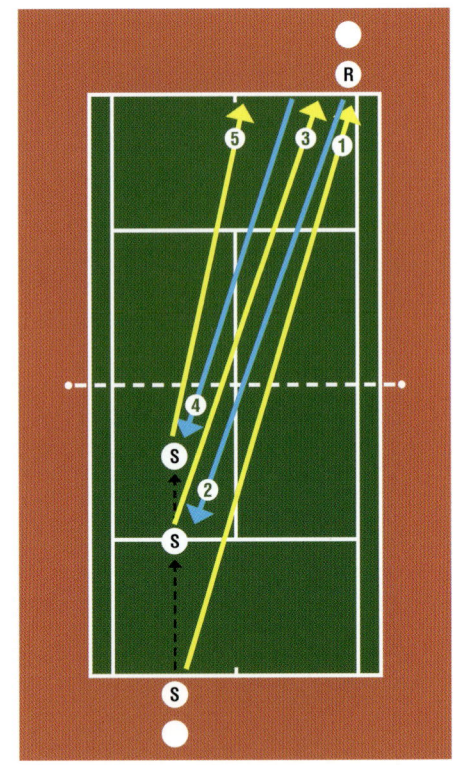

❷ 2:2 후위 대결 연습

양 팀 4명 모두 베이스라인 뒤에 위치하여 2:2로 랠리 대결을 한다. 시작은 어느 한 쪽이 상대편 백핸드 쪽으로 첫 공을 치고, 랠리가 끝나면 진 쪽이 백핸드 쪽으로 첫 공을 쳐서 랠리를 재개한다. 이때, 스트로크가 서비스라인을 넘기지 못하거나 빗금 친 부분으로 들어가지 못하면 실점으로 처리한다. 10~15포인트를 먼저 획득하는 팀이 이긴다.

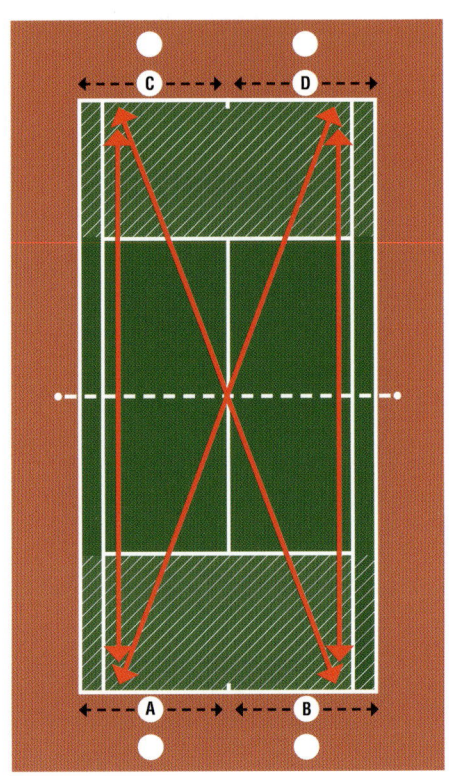

❸ 사선형 크로스 포칭 연습

복식 두 팀이 들어가서 사선형으로 서고, 뒤쪽에 있는 선수 Ⓐ와 Ⓓ는 크로스로 랠리를 한다. 네트 앞에 있는 전위 Ⓑ와 Ⓒ는 기회가 있으면 포칭을 시도하고, 후위는 시합과 같은 상황으로 다양한 코스와 구질로 랠리를 이어나간다. 5~10분 정도 실시하고 역할을 바꾼다. 역할을 바꿔서 연습이 끝나면 애드 코트로 옮겨서 크로스 포칭 연습을 한다.

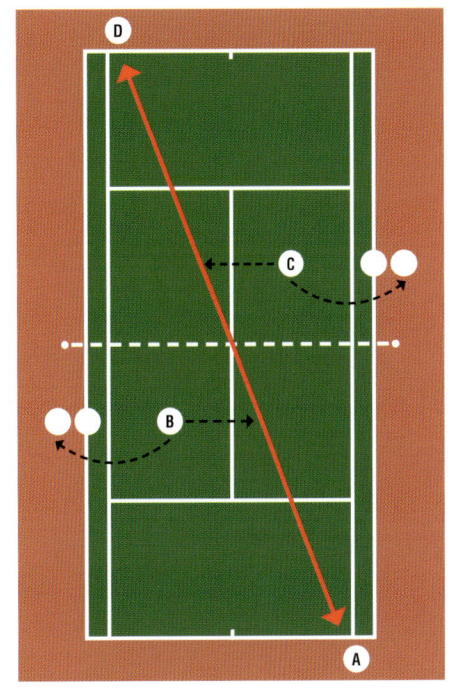

❹ 사선형 스트레이트 포칭 연습

후위 두 선수는 베이스라인 뒤에서 직선으로 마주 서고 스트레이트로 랠리를 한다. 이때 전위는 센터 서비스라인에 위치하여 기회가 있으면 포칭을 시도한다. 여기서 중요한 것은 후위가 서로 직선 상에 있으면, 전위는 반드시 센터 서비스라인 근처에 위치해야 한다는 것이다. 그래야 빗금 친 부분을 제외한 다른 지역 모두를 커버할 수 있다. 5~10분 정도 하고 역할을 바꿔서 실시한다.

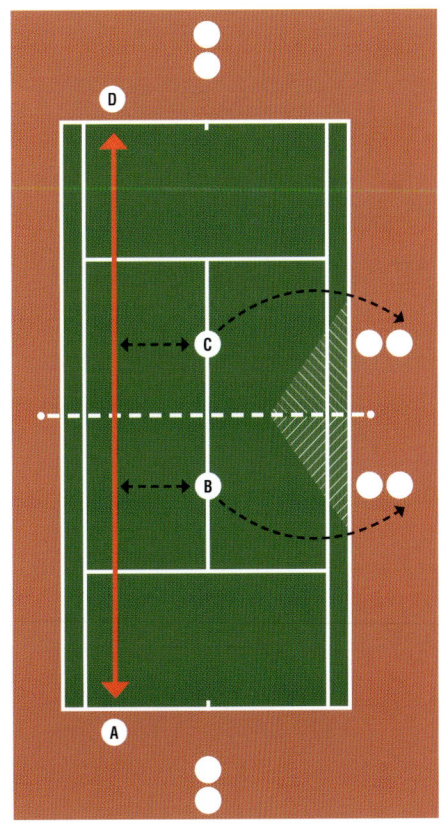

PART 5. 단식 및 복식 전술

❺ 2:2 전위 대 후위 대결 연습

한 팀은 베이스라인 뒤에, 다른 한 팀은 네트 앞에 서서 스트로크 대 발리 대결을 벌인다. 이때 후위는 공을 최대한 낮고 받기 어려운 코스로 보내고, 전위는 최대한 공격을 당하지 않기 위해 발리나 스매시를 길게 친다. 특히 자신과 파트너 사이 중간으로 들어오는 공을 잘 처리하도록 하자. 10~15포인트 시합을 해서 패한 팀은 다음 대기 팀과 교대한다.

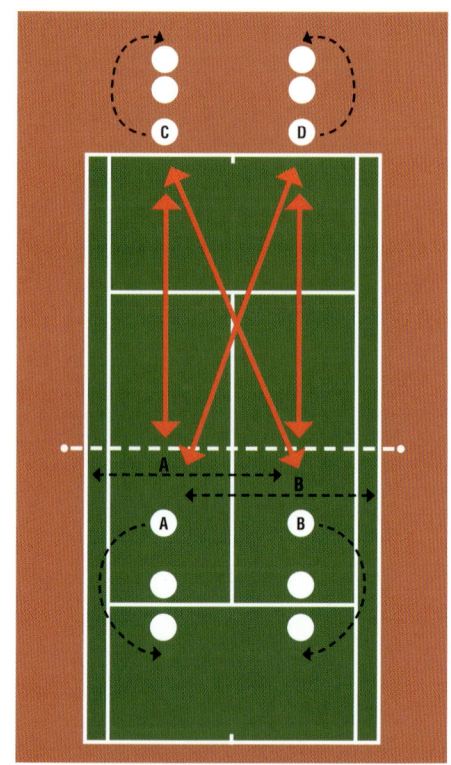

❻ 사선형 로브 대비 전위 위치 변경 연습

서로 베이스라인 뒤에서 크로스로 랠리를 하다가 Ⓐ가 Ⓒ의 머리 뒤로 로브를 띄우면 Ⓓ가 달려가서 Ⓐ에게 스트레이트를 하고, 랠리를 한다. 이때, 양 팀의 전위는 반드시 네트 앞 중간에 위치하여 서로 포칭을 하려고 노력해야 한다. 5~10분 후에는 전위와 후위의 역할을 바꾸어서 실시한다. 역할을 바꾸어서 연습이 끝나면 애드 코트로 옮겨서 같은 방법으로 연습을 한다.

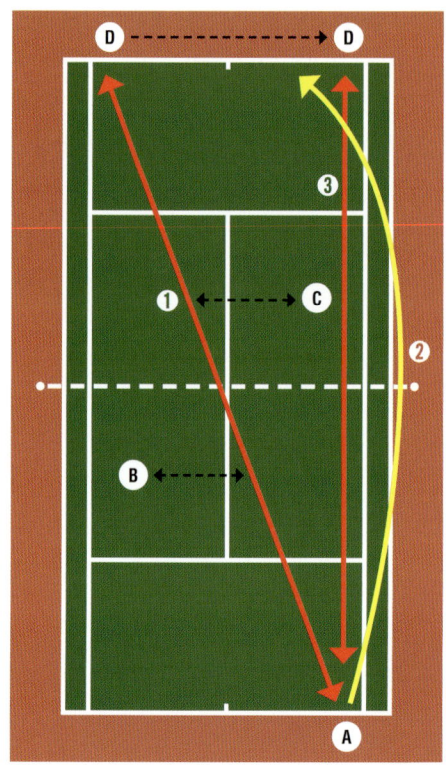

❼ 어프로치 샷 후 발리 대 스트로크 연결 연습

코치가 미드 코트에 있는 Ⓐ에게 공을 짧게 쳐주면, Ⓐ는 Ⓒ에게 어프로치 샷을 치고, 네트 앞에 서서 스플릿 스텝을 한다. 이때 반대쪽 베이스라인에 있는 선수Ⓒ는 Ⓐ와 Ⓑ가 발리와 스매시를 할 수 있도록 공을 연결해준다. 3~5분 정도 하고 교대한다.

Ⓒ‌ﾖ - 코치

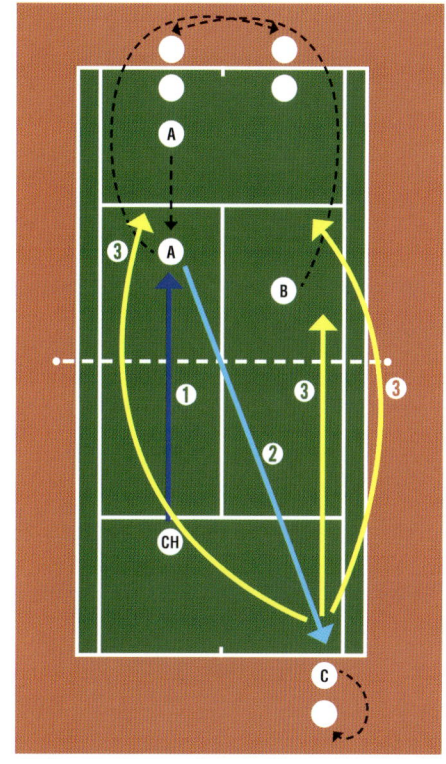

❽ 2:2 미드 코트 발리 연결 연습

서비스라인 약 1보 정도 뒤에서 2:2로 발리를 실시한다. 이때 서로 최대한 낮은 공을 주려고 노력하고 로우 발리, 하프 발리 등을 다양하게 연습한다. 랠리를 하다가 실수한 팀은 뒤에 있는 다음 팀과 교대한다.

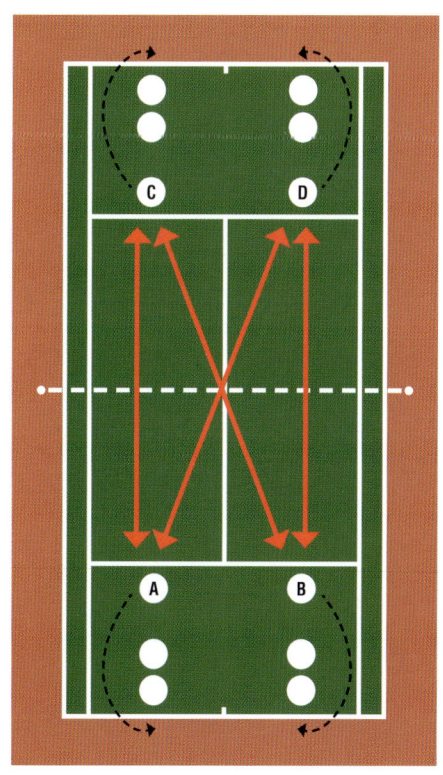

PART 5. 단식 및 복식 전술

❾ 리시버 측 역포칭 연습(드리프트)

서버가 서브를 넣으면, 리시버는 대각선 방향으로 리시브한다. 서버는 다시 이 공을 대각선 방향으로 연결한다. 리시버의 파트너는 그 공을 놓치지 않고, 앞으로 전진하여 포칭을 시도한다. 10~20분이 지나면 전위와 후위의 자리를 바꾸어서 실시한다. 듀스 코트에서 연습이 끝나면 애드 코트에서 같은 방법으로 역포칭 연습을 한다. 그리고 코트와 역할을 바꿔서 듀스 코트에서 역포칭 연습을 한다.

Ⓢ – 서버, ⓢⓟ – 서버 파트너, Ⓡ – 리시버, ⓡⓟ – 리시버 파트너

> **용어설명 드리프트**
> 서버 파트너가 상대방의 리시브를 포칭하지 못했을 때 반대로 리시버의 파트너가 서버의 첫 발리를 가로채기 위해 중앙으로 전진하는 전술

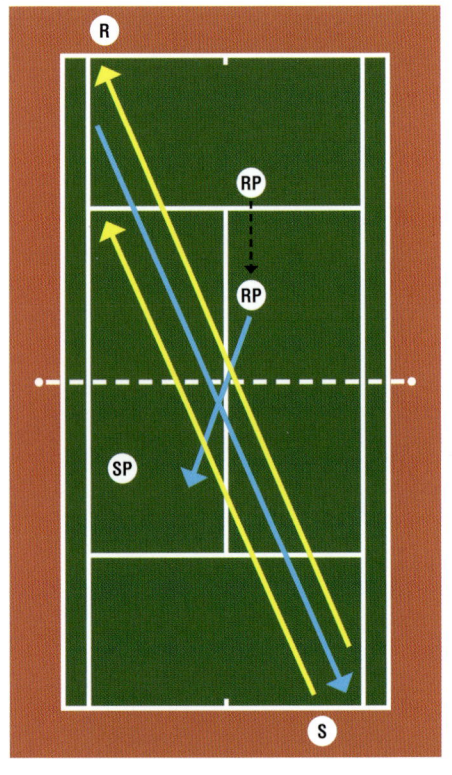

PART 6

테니스 연습법

PART 6. 테니스 연습법

01 테니스 기초 연습법

테니스 실력을 향상하기 위해서는 초보자부터 상급자에 이르기까지 다양한 훈련 과정을 거쳐야 한다. 각 과정은 선수의 수준에 맞춰 고려되어야 하고, 특히 코치는 훈련에 참여하는 선수들의 다양한 욕구를 잘 파악해야 한다. 먼저 훈련 방법을 알아보기 전에 부상을 당하지 않도록 다음 사항을 기억하자.

- 운동 전에 준비 체조를 철저히 한다.
- 자기 주위에 공이 굴러다니면 즉시 치운다.
- 다른 사람과 간격을 충분히 두고 운동한다.
- 공을 너무 강하게 치는 것을 자제한다.
- 운동 대기 중에는 잡담을 하지 말고 다른 사람의 플레이에 집중한다.

가장 기초가 되는 공 다루기부터 알아보자. 공 다루기는 쳐서 올리기, 바닥으로 치기 등 여러 가지가 있다. 라켓으로 공을 맞히면서 라켓 페이스의 타점과 감각을 익히도록 하자.

공 쳐서 올리기

제자리에 서서 손목에 힘을 빼고 부드럽게 공을 눈높이로 튕겨 올린다. 라켓을 짧게 잡거나 움직이면서 실시해도 좋다. 이는 공을 익숙하게 다루기 위한 가장 기초적인 연습이다.

공 바닥 치기

제자리에 서서 손목에 힘을 빼고, 부드럽게 손목 스냅만으로 공을 바닥에 튕긴다. 라켓을 짧게 잡고 움직이면서 실시해도 좋다. 이는 손목 스냅을 익숙하게 구사하고 바운드되는 공의 반발력을 익히기 위한 연습이다.

라켓 모서리로 공 바닥 치기

라켓 프레임의 모서리로 공을 아래로 튕긴다. 제자리에 서서 해도 좋고, 움직이면서 해도 좋다. 이는 공의 정확한 타점을 목표로 타구하는 스킬을 익히기 위한 연습이다.

PART 6. 테니스 연습법

라켓 모서리로 공 쳐서 올리기

라켓의 모서리로 공을 위로 튕겨 올리는 연습이다. 제자리에 서서 해도 좋고 움직이면서 해도 좋다. 이는 모서리로 공 바닥 치기와 같이 공의 정확한 타점을 목표로 타구하는 스킬을 익히기 위한 연습이다.

라켓 교대로 공 쳐서 올리기

양손에 라켓을 잡고, 공 한 개를 사용하여 교대로 공을 튕겨 올린다. 이때 공은 눈높이를 유지하고 손목은 최대한 힘을 빼는 것이 좋다. 이는 신체의 협응력을 키우는 데 좋은 연습이다.

02 초·중급자를 위한 연습법

❶ 서비스라인 뒤에서 떨어뜨린 공을 포핸드·백핸드 스트로크 하기

연습목적

백스윙에 대한 부담 없이 제자리에서 바운드한 공을 쳐서 네트를 넘기는 감각을 익힌다.

연습요령

선수들은 서비스라인 뒤에서 두 줄로 선다. 선수는 미리 백스윙을 하고 있다가 코치가 공을 던져주면 포핸드 또는 백핸드 스트로크로 쳐서 네트를 넘긴다. 2~4개 정도 하고 다른 줄 뒤로 돌아가 반대쪽 스트로크를 할 준비를 한다. 처음에 포핸드 스트로크를 했다면 다음에 백핸드 스트로크를 하는 방식이다. 백스윙할 때는 공에 탑스핀을 걸 수 있도록 라켓 헤드를 밑으로 떨어뜨린다.

CH – 코치, F – 포핸드, B – 백핸드, T – 타깃

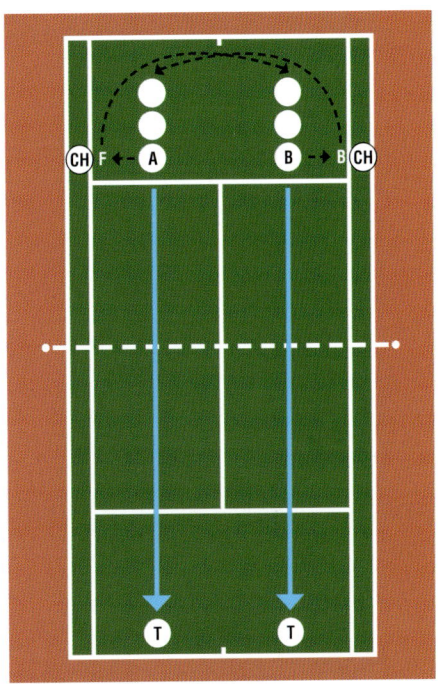

❷ 베이스라인에서 떨어뜨린 공을 포핸드·백핸드 스트로크하기

연습목적

공을 멀리 보내는 감각과 스윙의 크기에 따른 거리감을 익힌다.

연습요령

선수들은 베이스라인 뒤에서 두 줄로 서서 미리 백스윙을 하고 있다가 코치가 공을 던져주면 포핸드 또는 백핸드 스트로크로 쳐서 네트를 넘긴다. 2~4개 정도 하고 다른 줄 뒤로 돌아가 반대쪽 스트로크를 할 준비를 한다.

CH – 코치, F – 포핸드, B – 백핸드, T – 타깃

❸ 네트 앞에서 던져준 공을 포핸드·백핸드로 발리하기

연습목적
약하게 날아오는 공을 백스윙에 대한 부담 없이 정확하게 발리하는 감각을 익힌다.

연습요령
선수들은 네트 앞 1보 정도 뒤에서 두 줄로 서고 미리 백스윙을 한다. 코치가 공을 던져주면, 선수는 몸 앞에서 포핸드 또는 백핸드 발리를 한다. 2~4개 정도 하고 다른 줄로 돌아가 반대쪽 발리를 준비한다. 선수는 발리할 때 최대한 손목을 고정하고, 라켓 헤드를 움직이지 않도록 주의한다.

CH - 코치, T - 타깃

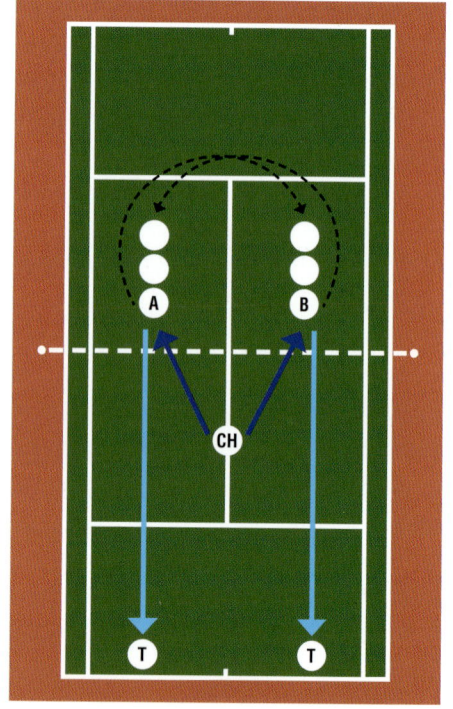

❹ 베이스라인에서 포핸드·백핸드 스트로크하기

연습목적
상대편 베이스라인에서 멀리 날아오는 공을 정확하게 보내는 감각을 익힌다.

연습요령
선수들은 베이스라인 뒤에 두 줄로 서고 코치는 서비스라인 뒤에서 공을 약하게 쳐준다. 선수는 앞으로 한 발 내밀면서 포핸드 또는 백핸드 스트로크를 스트레이트로 2~4개씩 치고 다른 줄 뒤로 이동해서 반대쪽 스트로크를 할 준비를 한다. 선수들은 제자리에서 공을 치다가 처음으로 스텝을 하면서 치는 것이기 때문에 공이 바운드되어 낙하하는 지점에 왼발 또는 오른발을 잘 맞춰서 디디는 것이 중요하다. 임팩트는 공이 정점을 지나서 약간 밑으로 떨어질 때 치는 것이 좋다.

CH - 코치, F - 포핸드, B - 백핸드, T - 타깃

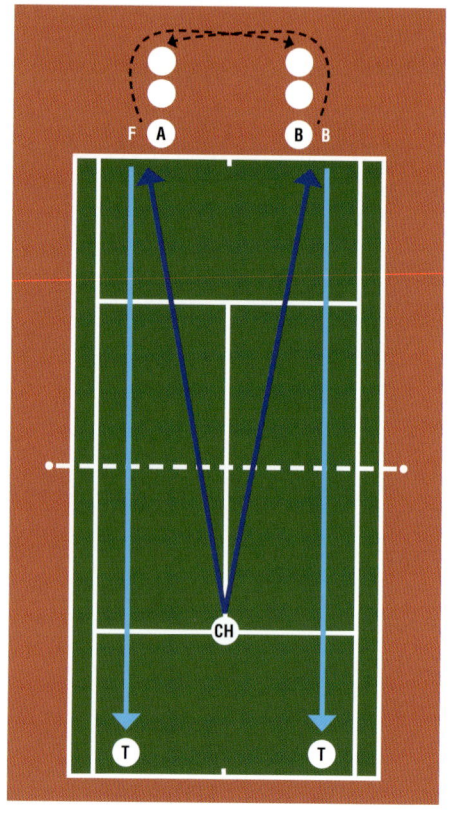

❺ 센터로부터 움직여서 포핸드·백핸드 스트로크하기

연습목적
제자리에서 여러 스텝으로 움직여서 풋워크를 익힌다.

연습요령
선수들은 센터 마크 가까이에 두 줄로 선다. 코치는 서비스라인 뒤에서 양쪽으로 공을 약하게 교대로 쳐주고, 선수들은 공이 날아오는 방향으로 움직여서 포핸드 또는 백핸드 스트로크를 스트레이트로 친다. 코치는 선수들이 공을 칠 때 스텝에 중점을 두는데, 특히 마지막 스텝에 체중을 잘 싣고 치는지 주의해서 관찰한다.

> **P.S** 2인 1조로 계속해서 여러 번 실시해도 좋다.

(CH) – 코치, F – 포핸드, B – 백핸드, (T) – 타깃

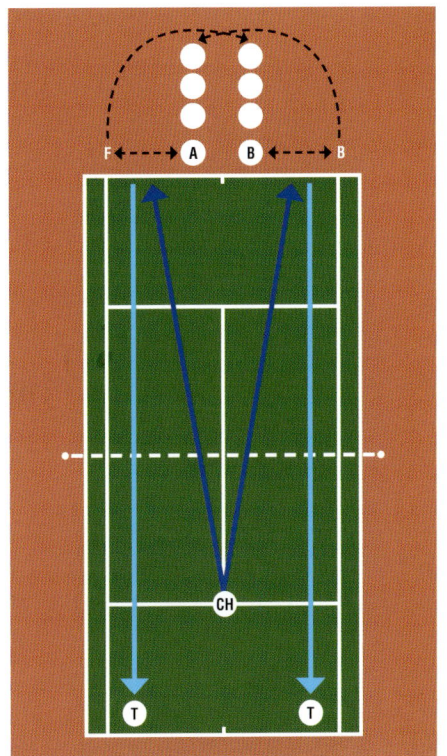

❻ 센터 쪽으로 오는 공을 돌아서서 포핸드·백핸드 스트로크하기

연습목적
센터 쪽으로 다가오는 공을 포핸드 또는 백핸드 스트로크로 빨리 돌아서서 치는 감각을 익힌다.

연습요령
선수들은 베이스라인 뒤에 두 줄로 선다. 코치는 서비스라인 뒤에서 ①~④번의 순서대로 공을 쳐준다. 오른쪽에 있는 선수는 포핸드 스트로크(①과 ③)를 하고 왼쪽에 있는 선수는 백핸드 스트로크(②와 ④)를 한다. 센터 쪽으로 오는 공을 포핸드나 백핸드 스트로크로 돌아서 칠 수 있어야 한다.

(CH) – 코치, F – 포핸드, B – 백핸드, (T) – 타깃

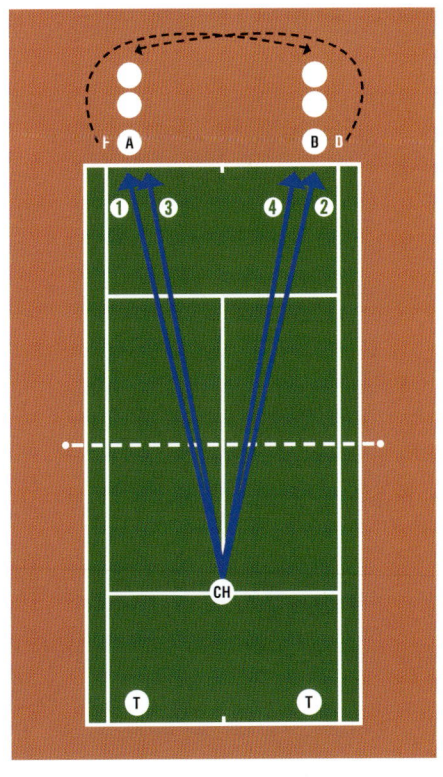

❼ 사이드로 움직여 포핸드·백핸드 스트로크 한 다음 앞으로 전진하여 포핸드 또는 백핸드 스트로크하기

연습목적
사이드로 움직일 때와 앞으로 움직일 때의 차이점을 이해한다.

연습요령
선수들은 베이스라인 뒤에 두 줄로 선다. 코치는 베이스라인 뒤에서 양쪽으로 차례대로 공을 쳐주고, 선수들은 사이드 방향(①, ②)으로 한 번씩 치고 제자리로 돌아온다. 그리고 다시 앞으로 달려가서 센터 방향(③, ④)으로 치고 다른 줄로 이동하여 다른 스트로크를 할 준비를 한다.

ⒸⒽ - 코치, F - 포핸드, B - 백핸드, Ⓣ - 타깃

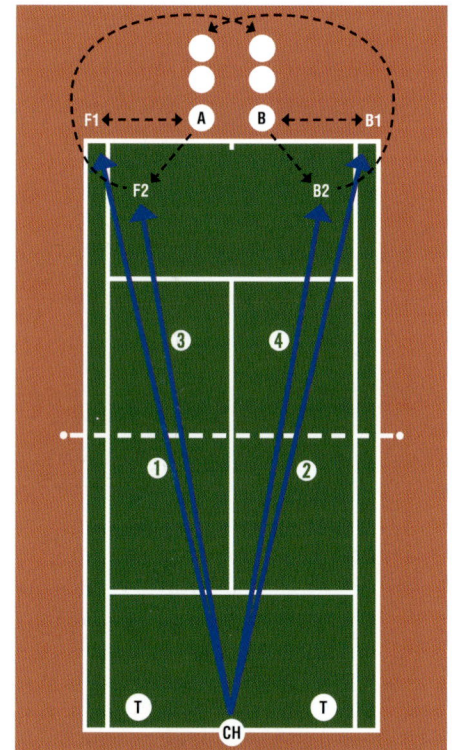

❽ 전후 방향으로 움직여 포핸드·백핸드 스트로크하기

연습목적
앞뒤로 움직이는 풋워크를 익힌다.

연습요령
선수들은 베이스라인 뒤에 두 줄로 선다. 코치는 베이스라인 뒤에서 양쪽으로 차례대로 공을 쳐주고, 선수들은 앞으로 달려가서 짧은 포핸드나 백핸드 스트로크를 하고 뒤로 물러서면서 길게 포핸드나 백핸드 스트로크를 한다. 각각 2개씩 친 선수들은 다른 줄 뒤로 들어가 반대 방향으로 연습을 한다.

ⒸⒽ - 코치, F - 포핸드, B - 백핸드, Ⓣ - 타깃

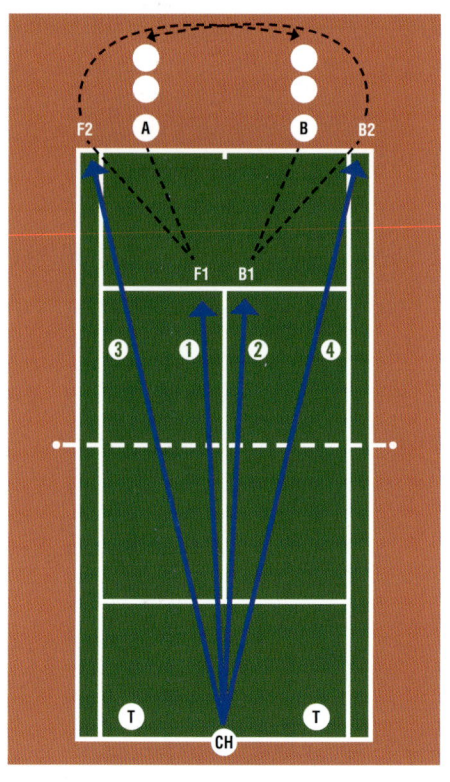

❾ 센터로부터 움직여 포핸드·백핸드 스트로크하기

연습목적
모든 방향으로 움직이는 풋워크를 익힌다.

연습요령
선수들은 베이스라인 센터 마크 뒤에 한 줄로 선다. 코치는 베이스라인 뒤에서 불규칙적으로 공을 3~4개 정도 쳐준다. 선수들은 풋워크를 신경 쓰면서 코치가 친 공을 타깃을 향해 스트로크 한다. 코치는 선수들이 스트로크를 실시한 후에 제자리로 돌아갔다가 다음 공을 칠 수 있도록 지시한다.

CH – 코치, F – 포핸드, B – 백핸드, T – 타깃

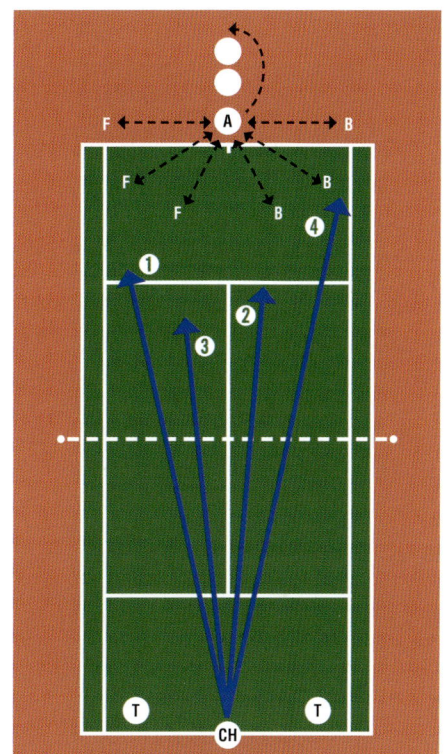

❿ 타깃을 돌아서 포핸드·백핸드 스트로크를 교대로 하기

연습목적
사이드로 움직이는 기본적인 풋워크를 향상시키고 민첩성과 순발력을 기른다.

연습요령
선수들은 베이스라인 중앙에 한 줄로 선다. 코치는 베이스라인 중앙에서 공을 포핸드 방향으로 2~4개 정도 쳐준다. 이때 선수들은 차례대로 달려가서 타깃을 향해 포핸드 스트로크를 친다. 앞에서 친 선수가 타깃 앞으로 되돌아오는 순간, 다음 선수가 바로 이어서 출발한다. 백핸드 스트로크도 이와 같이 실시한다. 코치는 선수들이 스트로크를 칠 때마다 사이드 스텝으로 제자리로 돌아오도록 지시한다.

CH – 코치, T – 타깃

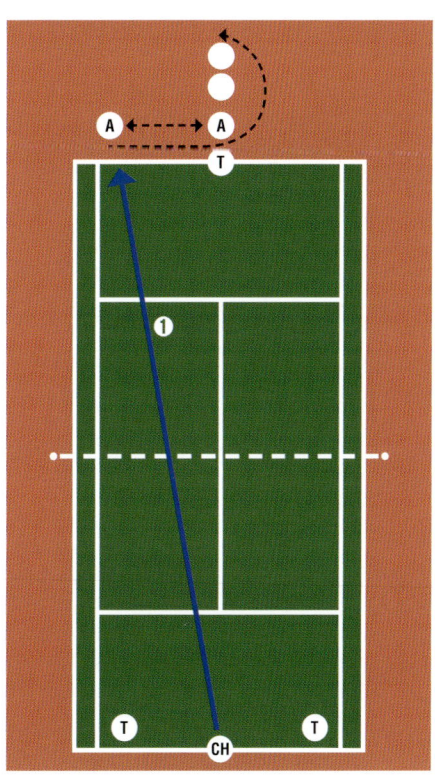

⓫ 사이드로 움직이면서 포핸드·백핸드 스트로크를 연속해서 하기

연습목적
사이드로 가는 공을 처리하는 기술과 풋워크를 익힌다.

연습요령
선수들은 코트 좌측 끝 싱글 사이드라인 뒤쪽에 한 줄로 선다. 코치가 차례대로 공을 쳐주면, 선수는 달려가면서 타깃을 향해 포핸드 스트로크를 4번 연속해서 치고 다시 자기 열의 뒤쪽으로 가서 준비한다. 코치는 선수들이 풋워크에 신경을 쓰면서 실시할 수 있도록 지시한다. 타깃은 둘 중 어느 것을 목표로 해도 좋다.

Ⓒ트 – 코치, Ⓣ – 타깃

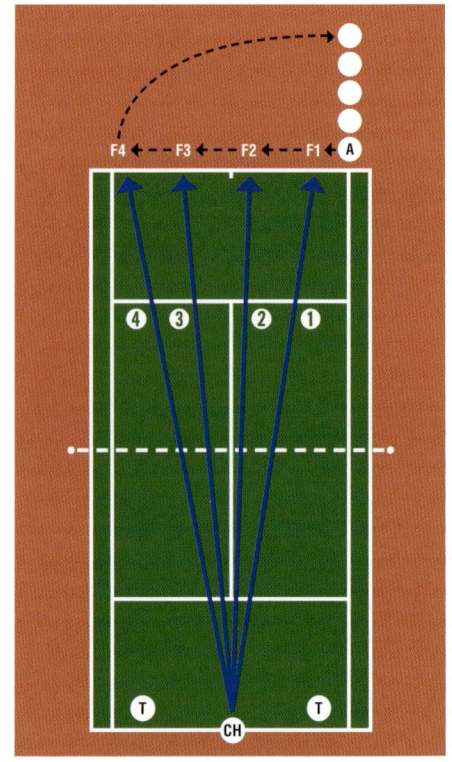

⓬ 네트 앞에서 포핸드·백핸드 발리하기

연습목적
발리의 기본자세와 더불어 스플릿 스텝과 클로즈드 스탠스를 익힌다.

연습요령
선수들은 네트 앞에 두 줄로 서서 준비하고 코치는 공을 차례대로 양쪽으로 쳐준다. 모든 선수는 공이 오기 전에 반드시 스플릿 스텝을 하고 오른쪽에 있는 선수는 포핸드 발리, 왼쪽에 있는 선수는 백핸드 발리를 한다. 타깃를 향해 정확히 할 수 있도록 하고, 각각 2~4개 정도 한 다음 반대편 줄 뒤로 가서 다른 발리를 준비한다.

Ⓒ트 – 코치, FV – 포핸드 발리, BV – 백핸드 발리, Ⓣ – 타깃

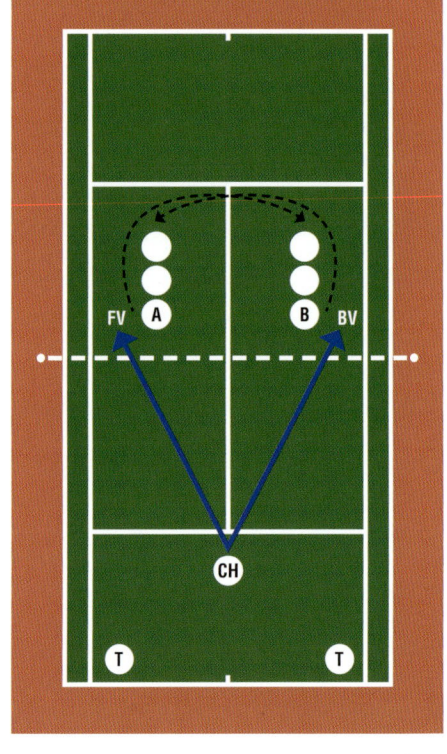

⓭ 네트 앞 센터 서비스라인에서 멀리 있는 공을 옆으로 움직이면서 포핸드·백핸드 발리하기

연습목적
네트 앞에서 옆으로 크게 움직이며 치는 기본적인 풋워크를 익힌다.

연습요령
코치가 양쪽의 선수들에게 차례대로 공을 쳐주면, 선수들은 센터 서비스라인 근처에서 준비를 하고 있다가 움직여서 포핸드 또는 백핸드 발리를 4~5개 정도 하고, 다음 사람과 교대한다. 발리를 칠 때는 반드시 제자리로 돌아왔다가 다시 움직이도록 하고, 타깃을 향해 정확히 할 수 있도록 노력한다.

CH – 코치, FV – 포핸드 발리, BV – 백핸드 발리, T – 타깃

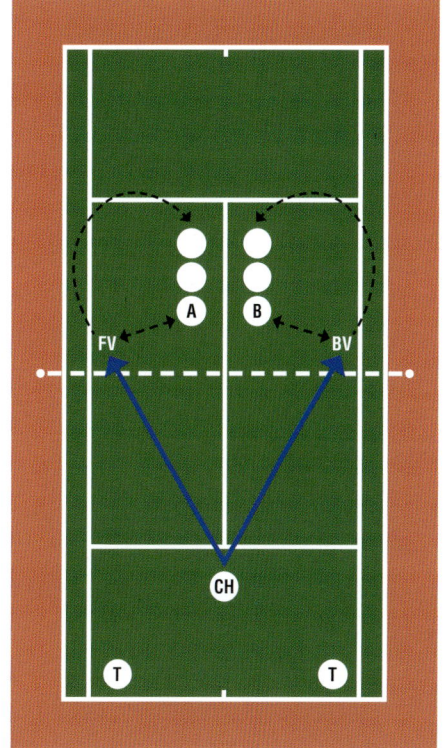

⓮ 네트 앞으로 한 발 전진하며 포핸드·백핸드 발리하기

연습목적
앞으로 전진하면서 치는 발리와 코트 커버 능력을 기른다.

연습요령
코치가 양쪽의 선수들에게 차례대로 공을 쳐주면, 선수들은 서비스박스 중간에서 준비를 하고 있다가 앞으로 한 발 내밀면서 포핸드 또는 백핸드 발리를 한다. 타깃을 향해 정확히 할 수 있도록 노력하고, 2~4개 정도 한 다음 교대한다.

CH – 코치, FV – 포핸드 발리, BV – 백핸드 발리, T – 타깃

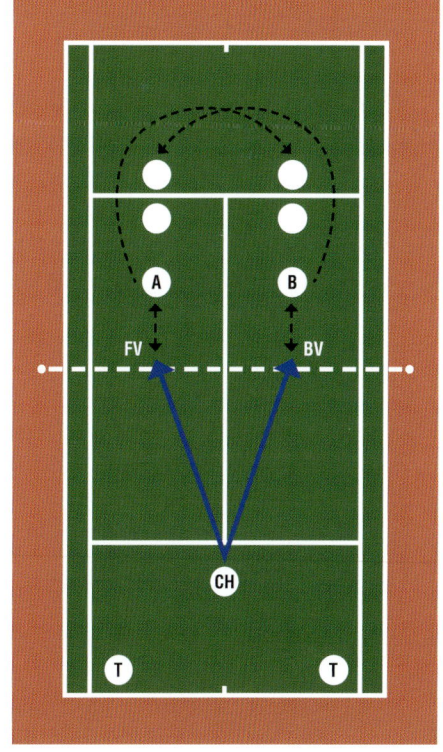

PART 6. 테니스 연습법

⑮ 센터에서 사이드로 움직이면서 포핸드·백핸드 발리하기

연습목적
옆으로 이동하는 스텝과 발리 기술을 자연스럽게 구사할 수 있게 한다.

연습요령
코치가 양쪽의 선수들에게 차례대로 공을 쳐주면, 선수들은 센터 서비스라인 근처에서 준비를 하고 있다가 옆으로 움직여 포핸드 또는 백핸드 발리를 연속해서 2번 하고 교대를 한다. 타깃을 향해 정확히 할 수 있도록 노력하고, 스플릿 스텝과 동시에 연결하는 워킹 스텝에 유의하면서 발리를 한다.

CH – 코치, FV – 포핸드 발리, BV – 백핸드 발리, T – 타깃

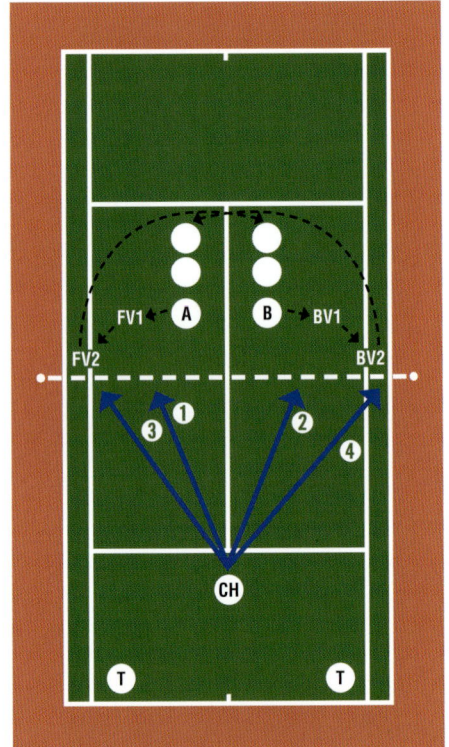

⑯ 사이드로 움직이면서 포핸드·백핸드 발리를 연속해서 하기

연습목적
옆으로 움직이며 오른발을 축으로 왼발을 내딛는 포칭 발리 요령을 익힌다. (백핸드 발리는 왼발을 축으로 오른발을 내딛는다.)

연습요령
앨리 지역에 한 줄로 서서 한 사람씩 차례로 포핸드 발리를 4번씩 치고 나간다. 이때 4개의 타깃을 향해서 다양하게 치도록 하자. 5~10분 정도 실시하고 백핸드 발리도 같은 방법으로 한다.

CH – 코치, FV – 포핸드 발리, T – 타깃

> **용어설명 포칭 발리**
> 코트 정중앙으로 오는 공을 달려나가면서 가로채는 발리

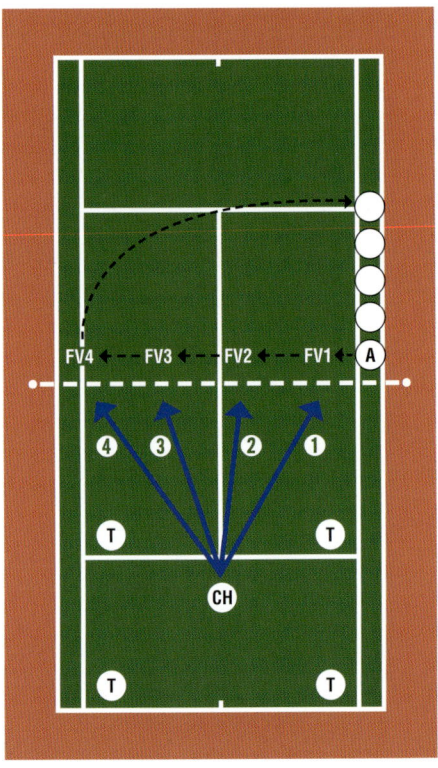

⓱ 짧은 로브를 제자리에서 스매시하기

연습목적
몸을 완전히 옆으로 틀어서 공을 머리 위에서 정확히 맞추는 스매시 감각을 익힌다. 초보자는 미리 라켓을 들어 올리고 기다려도 좋다.

연습요령
코치는 네트 앞에서 기다리고 있는 선수 앞에 공을 올려주고 선수는 준비하고 있다가 타깃을 향해 스매시를 한다. 2~4개 정도 하고 교대한다.

CH – 코치, SM – 스매시, T – 타깃

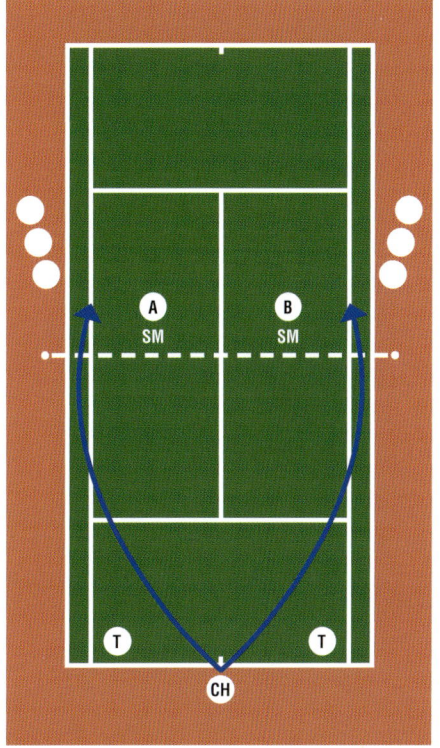

⓲ 뒤로 물러서며 점프 스매시하기

연습목적
뒤로 움직이는 크로스오버 스텝과 사이드 스텝을 익히고 아울러 오른발을 축으로 점프하여 공을 맞히는 요령을 익힌다.

연습요령
코치가 공을 뒤로 길게 올려주면 선수는 크로스오버 스텝이나 사이드 스텝을 이용하여 뒤로 물러서면서 타깃을 향해 스매시를 한다. 2~4개 정도 하고 교대한다.

CH – 코치, SM – 스매시, T – 타깃

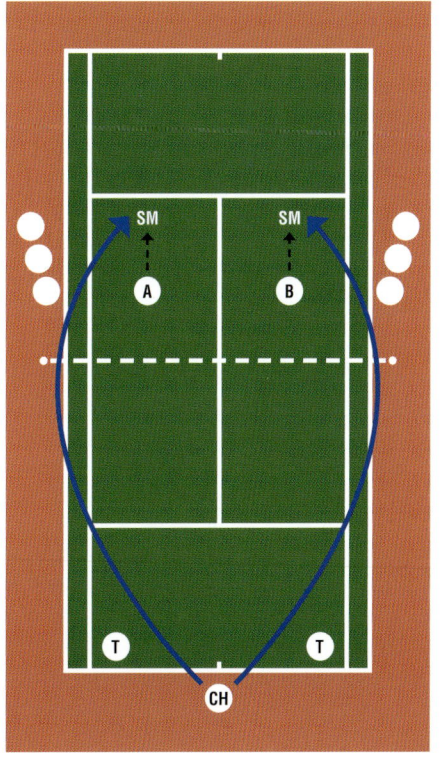

⑲ 직선 또는 사선으로 물러서며 스매시하기

연습목적
똑바로 뒤로 물러서는 풋워크와 몸을 비키며 뒤로 물러서는 풋워크의 차이점을 느끼고 습득한다.

연습요령
코치가 공을 올려주면 선수는 네트 앞에서 똑바로 뒤로 물러서며 스매시한다. 그다음 제자리로 왔다가 비켜서 뒤로 물러서며 스매시를 한다. 타깃을 향해 정확히 할 수 있도록 노력하고, 각 각을 한 번씩 하고 교대한다.

> **P.S** 코치는 선수가 첫 번째 스매시를 하고, 바로 두 번째 스매시를 할 수 있도록 공을 올려준다.

ⒸⒽ – 코치, SM – 스매시, Ⓣ – 타깃

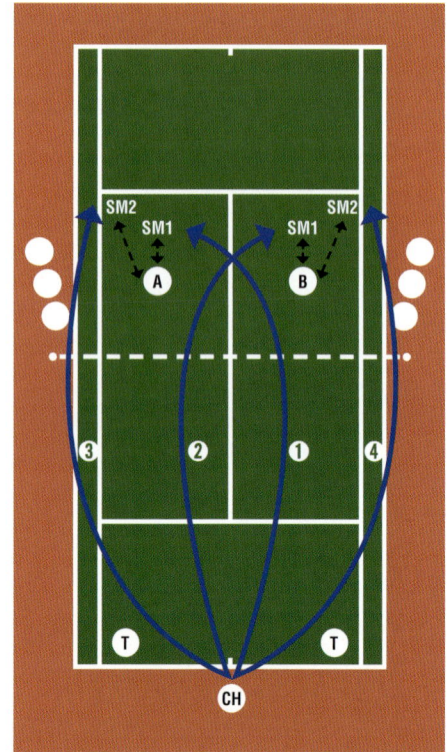

⑳ 네트 앞에서 라켓 짧게 잡고 손목 동작으로 서브 넣기 (서브 1단계 연습)

연습목적
서브 동작 시 내전 동작과 손목 스냅 요령을 익힌다.

연습요령
선수는 네트 1보 앞에 서서 라켓의 그립 윗부분을 짧게 잡고, 손목에 힘을 뺀다. 라켓 헤드를 오른쪽 어깨 밑으로 완전히 떨어뜨리면서 공을 몸의 오른쪽 앞에서 20~30cm 높이로 낮게 토스하고, 떨어뜨린 라켓을 힘 있게 뻗어 올리면서 내전 동작과 손목 스냅으로 공을 내려친다. 한 명당 4~6개의 공을 치고 교대한다.

Ⓣ – 타깃

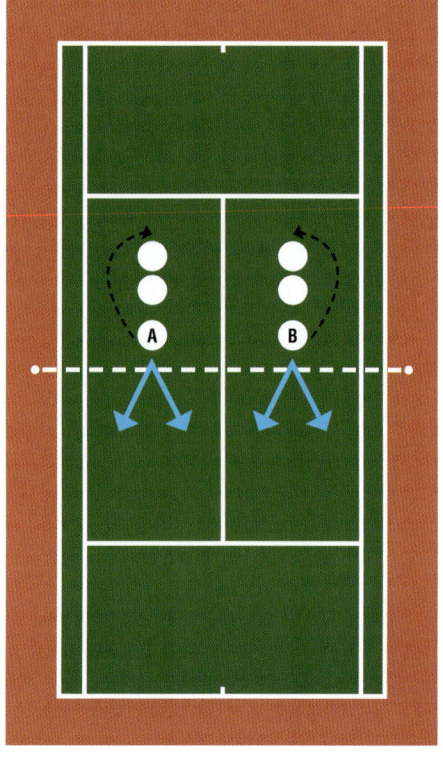

❺ 그라운드 스트로크 올 코트 커버 연습(듀스 코트)

연습목적
올 코트를 커버하는 능력을 기르고 아울러 정확성과 풋워크를 향상시킨다.

연습요령
선수는 베이스라인 중앙에서 올 코트를 커버하고, 다른 한 선수는 듀스 코트에서 반 코트만 커버하면서 랠리를 계속한다. 이 연습은 정확성과 코트 커버 능력을 향상시키는 훈련으로서 올 코트를 치는 선수는 상대 선수의 코트 절반 쪽으로만(빗금친 지역) 치려고 노력하고, 반 코트에서 치는 선수는 상대 선수의 올 코트로 다양한 공을 쳐줄 수 있도록 한다. 서로 랠리를 1분 정도 하고, 다음 선수와 교대한다. 연습이 끝나면 같은 방식으로 애드 코트에서도 실시한다.

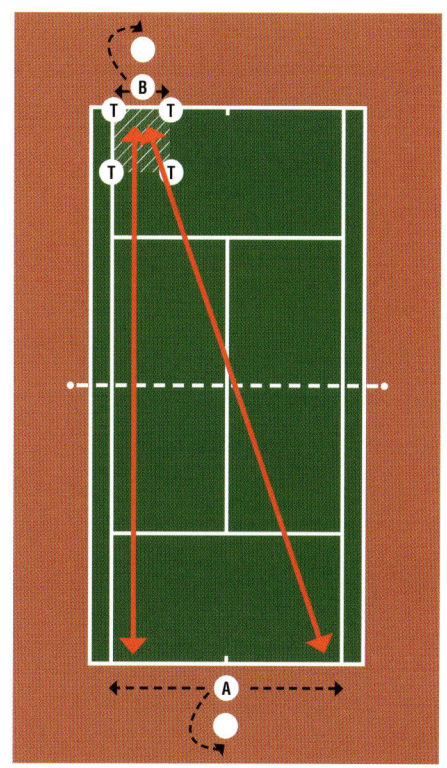

❻ 그라운드 스트로크를 베이스라인으로 깊게 연결하기

연습목적
이 연습은 코트 전체를 커버하면서 스트로크를 길고 깊게 처리하는 볼 컨트롤 능력을 키운다.

연습요령
양 선수는 베이스라인 뒤에 서서 공이 베이스라인과 서비스라인 사이에 들어가도록 높고 길게 랠리한다. 이때 라켓 헤드를 밑으로 떨어뜨리면서 힘차게 위로 올리면서 스윙을 해주어야 하고, 공이 네트에서 약 1m 위의 공간을 지나가도록 높게 쳐야 한다. 랠리 시합을 해서 실수한 선수는 뒤로 나오고 한 팀이 15~21점을 따면 이기는 것으로 한다. 1~3세트 시합을 한다.

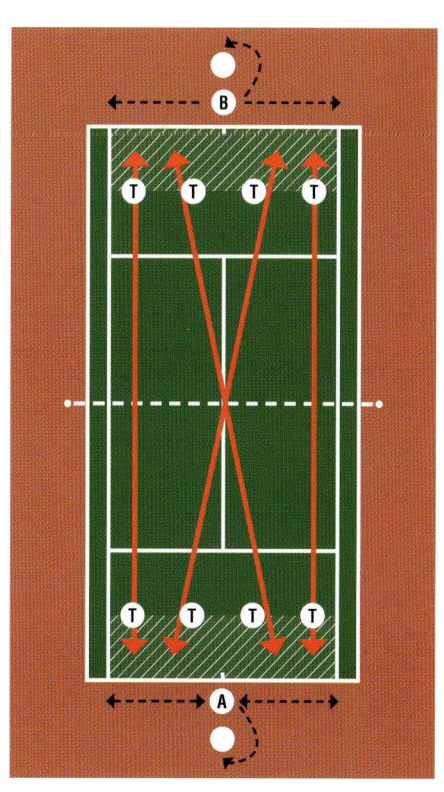

❼ 포핸드 스트로크 3등분 지역 크로스로 연결하기(듀스 코트)

연습목적
절반의 코트 내에서 사이드로 각을 많이 낸 앵글 샷을 익힌다.

연습요령
양 선수는 듀스 코트에 마주 서서 크로스 코스로 랠리를 한다. 이때 공을 길게 연결하는 것도 중요하지만, 공에 사이드 스핀을 많이 주어서 각도를 내는 것이 더 중요하다. 1~2분 정도하고 교대하거나 랠리에서 지는 선수만 나오게 한다. 연습이 끝나면 자리를 바꾸어 백핸드 스트로크로 랠리 연습을 한다.

> **용어설명 앵글 샷**
> 각도를 많이 내어서 공이 사이드 부분으로 가게 치는 샷을 말한다.

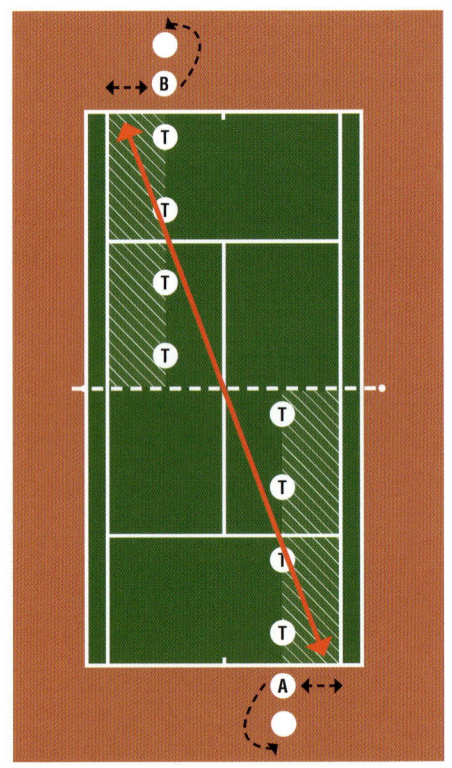

❽ 크로스 대 스트레이트 연결하기

연습목적
지속적인 랠리와 다양한 코스의 적응 능력을 기른다.

연습요령
양 선수는 베이스라인 중앙에 마주 서서 랠리를 하는데, 한 선수는 오직 크로스로만 치고, 다른 한 선수는 스트레이트로만 친다. 랠리가 끝나거나 어느 한 선수가 실수를 하면 다음 선수와 교대를 한다. 5~10분 정도 하고 코스를 바꿔서 실시한다. 랠리할 때는 너무 강하게 치려고 하지 말고, 80% 정도의 강도로 정확하게 치는 데 집중하자.

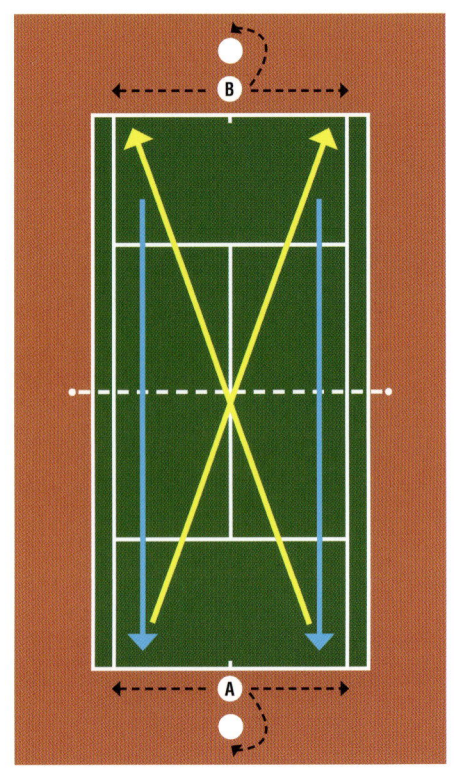

❾ 인사이드 아웃 포핸드 스트로크 연결하기

연습목적
백핸드 쪽으로 오는 공을 포핸드로 돌아서서 공격하는 감각을 익힌다.

연습요령
한 선수는 베이스라인 중앙에 서고, 다른 한 선수는 애드 코트 중앙에 선다. 애드 코트에 있는 선수는 계속 약한 공만 백핸드 쪽으로 쳐준다. 베이스라인에 있는 선수는 백핸드 쪽으로 오는 공을 왼쪽으로 크게 돌아서서 포핸드 스트로크로 친다. 백핸드 쪽으로 가는 공을 돌아서 칠 때는 왼쪽 어깨를 충분히 돌려 상대방을 향하도록 해야 한다. 어느 한 선수가 실수할 때마다 뒤에 있는 선수와 교대하고, 5~10분 정도 연습한 후 역할을 바꾼다.

> **용어 설명 인사이드 아웃 포핸드**
> 백핸드 쪽으로 오는 공을 왼쪽으로 크게 돌아서 포핸드 스트로크로 치는 것을 말한다.

❿ 루프 드라이브 깊게 연결하기

연습목적
상대 공격에 대비해서 상대를 베이스라인 뒤에 머물게 하기 위해 베이스라인 깊숙이 보내는 능력을 기른다.

연습요령
양 선수는 베이스라인 뒤에서 빗금친 부분으로 랠리를 길게 한다. 이때 네트 위에 1.2m 높이로 줄을 쳐 놓고, 이 높이 이상으로 공이 가도록 하면 공을 길게 치는 데 많은 도움이 된다. 랠리는 한 개씩만 치고 재빨리 교대한다. 5~10분 정도 실시한다.

> **용어 설명 루프 드라이브**
> 상대의 볼이 높고 완만하게 바운드되었을 때 치는 방법으로 허리를 낮추고, 아래쪽에서부터 라켓 면으로 원을 그리는 것처럼 스윙하여 왼쪽 어깨 위에서 마무리한다.

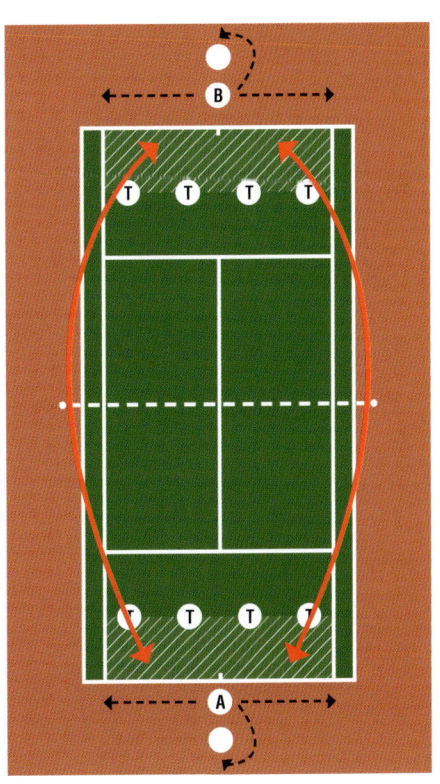

⑪ 2:1 그라운드 스트로크 연결하기

연습목적
그라운드 스트로크 중점 위주의 훈련으로 다양한 스핀과 풋워크를 이용하여 여러 방향의 코스와 각도 있는 공을 치는 요령을 익힌다.

연습요령
선수들은 베이스라인 뒤에 서서 2:1로 랠리를 한다. 두 선수는 다양한 코스와 스트로크를 골고루 나누어서 적당한 속도로 공을 주고, 한 선수는 공이 오는 방향으로 달려가서 자신이 의도하는 스핀과 다양한 코스로 강약을 조절하면서 친다. 3~5분 정도 실시하고 다음 선수와 교대한다. 모든 선수가 끝나면 역할을 바꿔서 실시한다.

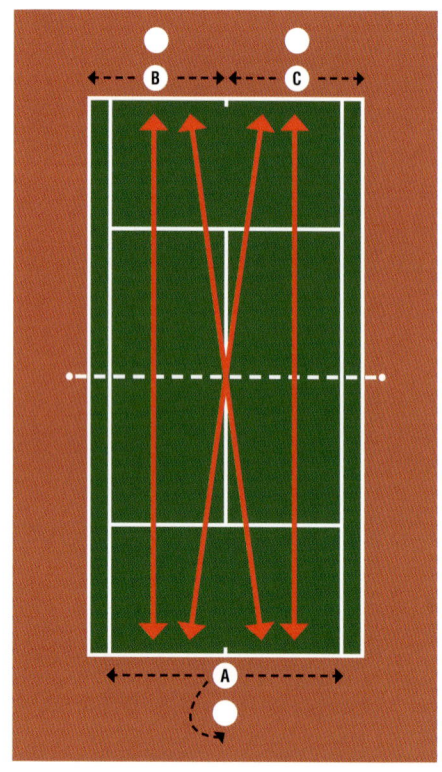

⑫ 2:1 스트로크 대 발리 연결하기

연습목적
상대 선수로부터 오는 다양한 각도의 공을 커버하는 능력을 키운다.

연습요령
네트 앞의 두 선수는 한 사람에게 다양한 코스로 발리를 쳐주고, 한 선수는 센터에 서서 전 코트를 커버하면서 다양한 스트로크를 연습한다. 3~5분씩 실시하고 교대한다. 모든 선수가 끝나면 역할을 바꿔서 실시한다.

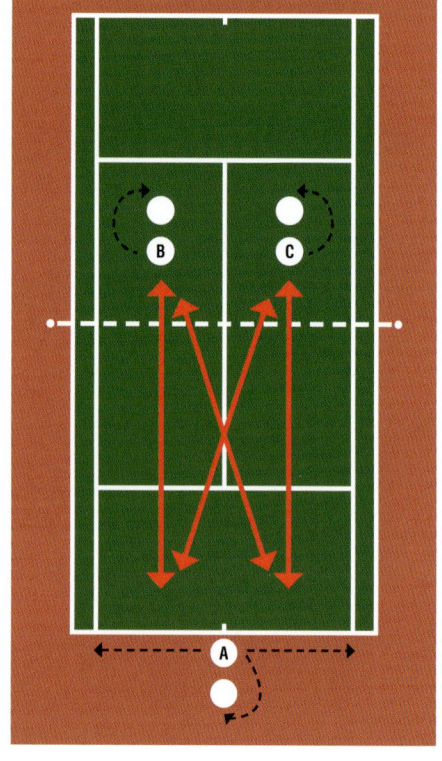

⓭ 릴레이 게임

연습목적
올 코트 커버 능력과 랠리 연결에 중점을 두고 순발력과 민첩성을 향상한다.

연습요령
양 선수는 베이스라인 뒤에 한 줄로 마주 서서 스트로크를 한다. 랠리할 때는 강타를 치지 말고 적당한 스피드로 공을 연결하는 데 집중하자. 스트로크를 한 선수는 즉시 반대편 코트로 달려가서 줄 뒤쪽에 선다. 5~10분 정도 실시한다.

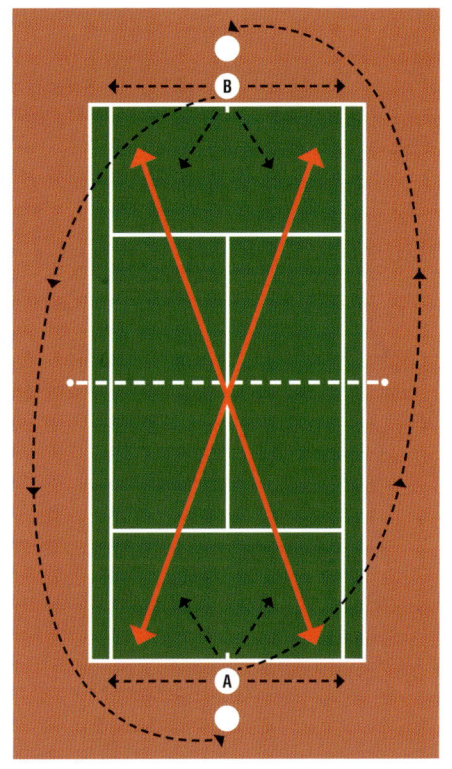

⓮ 발리 스트레이트 연결하기

연습목적
정확한 발리 자세와 풋워크를 익히고 다양한 방향으로 날아오는 발리를 계속 연결할 수 있는 능력을 기른다.

연습요령
양 선수는 서비스 코트 중간에 한 줄로 마주 서서 발리를 연결한다. 랠리할 때는 공을 세게 치려고 하지 말고 정확한 자세와 컨트롤을 중시하면서 연결하는 데 집중해야 한다. 팀별로 개인당 1~2분 정도 연습하고 교대하거나, 실수하는 선수가 뒤로 빠지도록 한다.

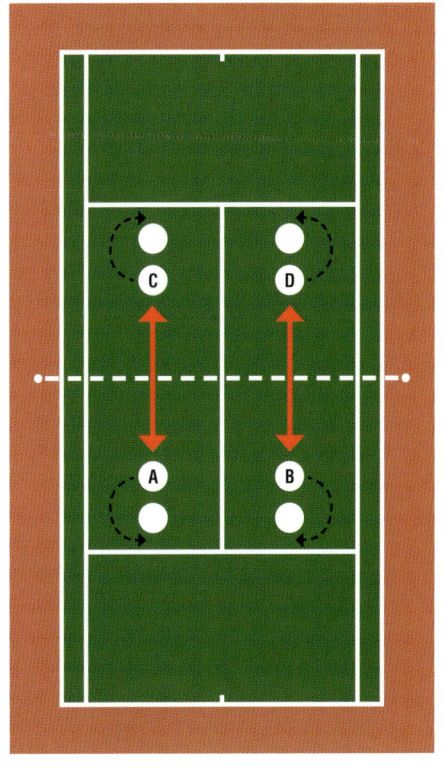

⑮ 미드 코트 발리 스트레이트 연결하기

연습목적
서비스라인 부근 미드 코트에서 스트레이트로 로우 발리나 하프 발리 감각을 기른다.

연습요령
양 선수는 서비스라인 바로 뒤에 마주 서서 로우 발리 또는 하프 발리를 연결한다. 이때 선수들은 무릎을 최대한 낮추고, 라켓 헤드를 세워서 치는 데 중점을 두어야 한다. 특히, 하프 발리는 임팩트 시 라켓 헤드를 반드시 지면과 수직으로 만들어야 한다. 개인당 1~2분 정도 실시하고 교대를 하거나, 실수하는 선수가 뒤로 빠지도록 한다. 연습이 끝나면 같은 방법으로 크로스 방향으로도 실시한다.

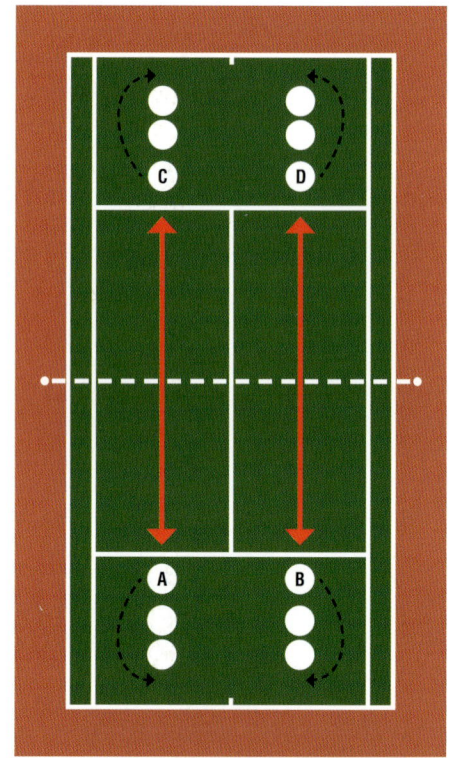

⑯ 2:2 발리 연결하기

연습목적
파트너와의 팀워크 함양과 콤비네이션 플레이를 습득한다.

연습요령
양 선수는 서비스 코트 중간에 2:2로 마주 서서, 발리를 연결한다. 이때 선수들은 공을 최대한 낮게 치려고 노력해야 한다. 어느 한 팀이 실수하면 나오고, 다음 팀이 들어간다. 10~15포인트를 먼저 따면 이긴다.

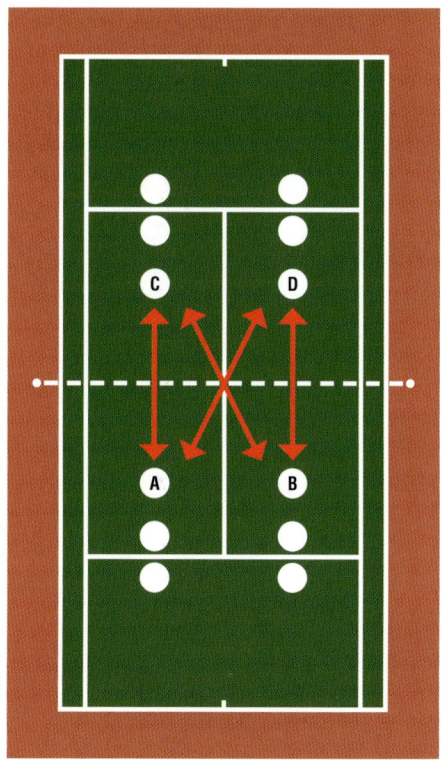

⑰ 발리 대 스트로크 스트레이트 연결하기

연습목적
베이스라인 플레이어와 네트 플레이어에 대한 대비 훈련으로서 다양한 대처 기술과 풋워크를 익힌다.

연습요령
두 선수는 베이스라인 뒤에, 다른 두 선수는 서비스 코트 중간에 서서, 1:1로 발리 대 스트로크 연습을 한다. 이때, 스트로크를 하는 사람은 스트레이트로 최대한 공을 낮게 치고, 발리를 하는 사람은 최대한 공을 길게 쳐야 한다. 팀별로 어느 한 선수가 실수를 하면 나오고, 다음 선수가 들어가서 포인트 대결을 계속 벌인다. 어느 한 팀이 10~15점을 먼저 따면 이긴다.

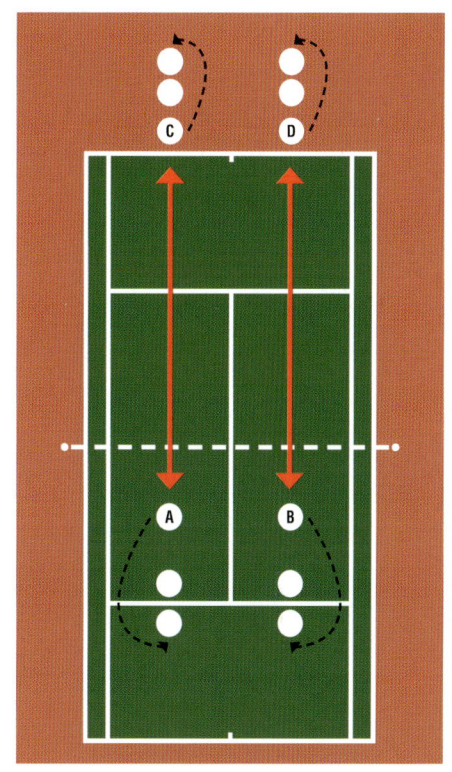

⑱ 2:2 발리 대 스트로크 연결하기

연습목적
네트 앞에 있는 선수는 발리로 최대한 코트를 커버하는 능력을 키우고, 베이스라인에 있는 선수는 낮은 공과 빈 코스로 보내는 능력을 키운다.

연습요령
한 팀은 베이스라인 뒤에, 다른 한 팀은 서비스코트 중간에 서서 발리 대 스트로크 연습을 한다. 이때 베이스라인의 두 선수는 스트로크를 하면서 공격하고, 네트 앞의 두 선수는 공이 뒤로 빠져 나가지 않도록 최대한 길게 친다. 10~15포인트가 되면 지는 팀이 나오고 교대한다.

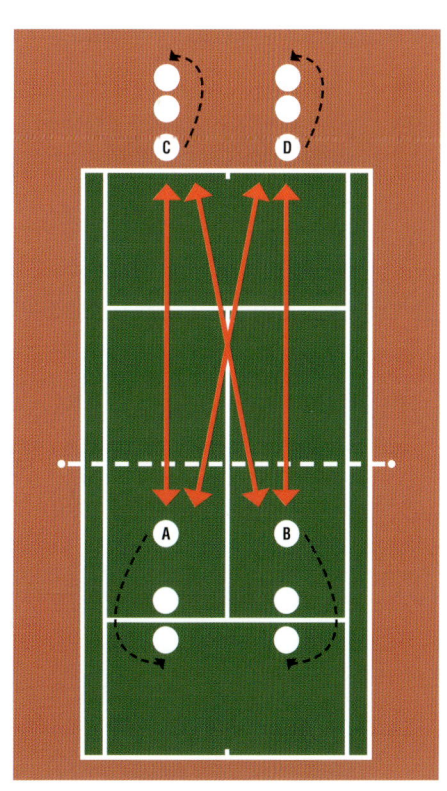

⑲ 2:1 발리 대 스트로크 연결하기

연습목적

네트 플레이어 위주의 연습으로서 네트 앞 전체 코트를 커버하는 능력과 풋워크를 동시에 익힌다.

연습요령

두 선수는 베이스라인 뒤에 서고, 한 선수는 센터 서비스라인 중간에 서서 2:1로 스트로크 대 발리 연습을 한다. 베이스라인에 있는 선수들은 센터 서비스라인 중간에 있는 선수가 발리를 할 수 있도록 다양한 코스와 구질로 공을 연결해준다. 도중에 어느 한 선수가 실수하면 뒤로 나오고 다른 선수가 들어가서 계속 실시한다. 10~20분 후에 역할을 교대한다.

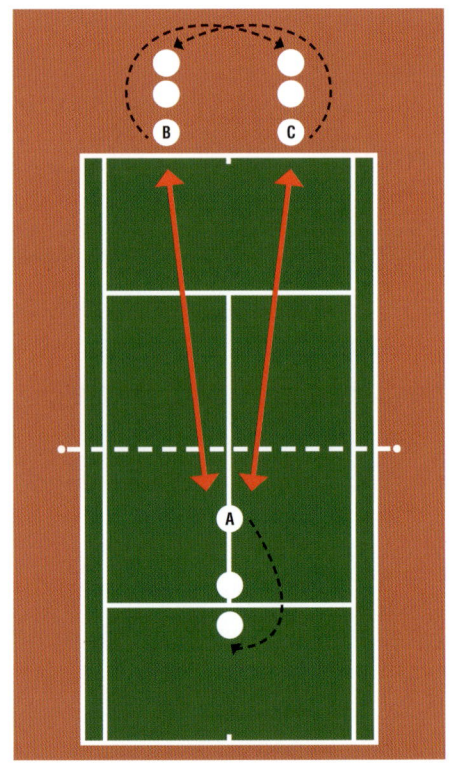

⑳ 발리 올 코트 커버 연습(듀스 코트)

연습목적

어프로치 샷을 치고 들어가는 기술을 익히고 네트 앞에서 모든 방향을 커버하는 능력을 키운다.

연습요령

한 선수는 베이스라인에서 2보 정도 앞에 서고, 다른 한 선수는 듀스 코트에 중앙에 선다. 코치가 공을 짧게 쳐주면, 선수 Ⓐ는 어프로치 샷을 듀스 코트 코너 부분에 치고 센터 서비스라인 왼쪽 1보 옆에 위치하여 코트 전체를 커버한다. 이때 베이스라인에 있는 선수 Ⓑ는 크로스와 스트레이트 코스로 다양하게 공격한다. 3~5분씩 하고 역할을 바꿔서 실시한다. 연습이 모두 끝나면 애드 코트로 옮겨서 같은 방법으로 실시한다.

> P.S 애드 코트에서 어프로치 샷을 치고 들어온 선수의 위치는 듀스 코트와 반대로 센터 서비스라인의 오른쪽 1보 옆이다.

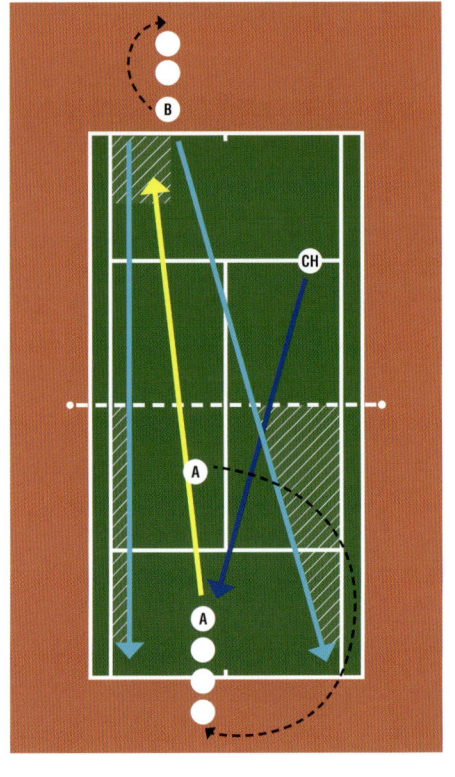

㉑ 로브 대 스매시 스트레이트 연결하기

연습목적
스매시 기술 습득과 상대 스매시에 대한 대처 기술인 로브를 익힌다.

연습요령
한 선수 네트 앞에 서고, 다른 한 선수는 베이스라인 뒤에 서서 로브 대 스매시 연습을 한다. 이때 로브를 하는 선수는 다양한 코스로 올려주고, 스매시를 하는 선수는 빗금 친 범위 안에 공이 가도록 길게 친다. 개인당 5~10회씩 하고 다음 사람과 교대한다. 10~20분 후에 역할을 바꾼다.

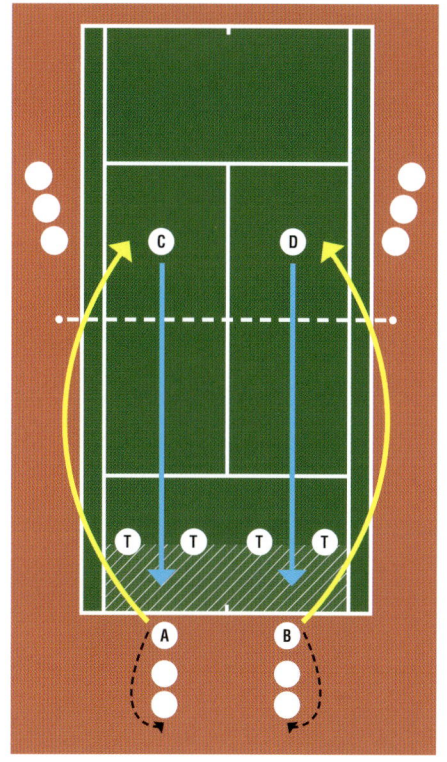

㉒ 2:1 로브 대 스매시 연결하기

연습목적
스매시 위주의 연습으로서 두 선수가 올려 준 로브를 다양한 코스와 높이로 스매시하는 요령을 익힌다.

연습요령
두 선수는 베이스라인 뒤에 서서 로브를 하고, 다른 한 선수는 네트 앞에 서서 스매시를 한다. 이 연습은 네트 앞에 있는 선수의 스매시 중점 연습으로서 로브를 올려주는 선수는 다양한 코스와 높이로 주고, 스매시를 하는 선수는 빗금 친 범위 안에 자신이 원하는 코스로 칠 수 있도록 노력해야 한다. 개인당 5~10개 정도 실시하고, 로브를 올린 선수는 상대 코트 뒤로 이동하여 스매시를 준비한다.

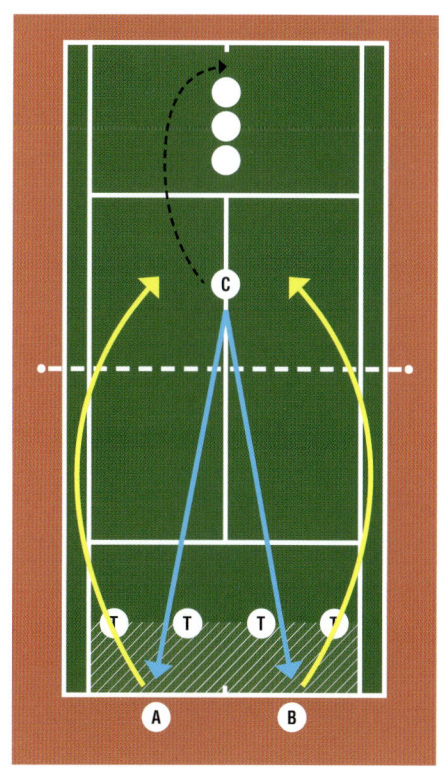

㉓ 발리·스매시 혼합 연결

연습목적
네트 앞에서 다양한 플레이를 위하여 발리, 스매시를 변환해 칠 수 있는 능력을 기른다.

연습요령
한 선수는 베이스라인 뒤에 서서 스트로크와 로브를 다양하게 섞어서 치고, 다른 한 선수는 네트 앞에 서서 발리와 스매시를 정확한 자세와 풋워크로 연결한다. 1~3분씩 실시하고 다음 선수와 교대하며, 10~20분 후에 역할을 바꾼다.

ST – 스트로크, LB – 로브, SM – 스매시, V – 발리

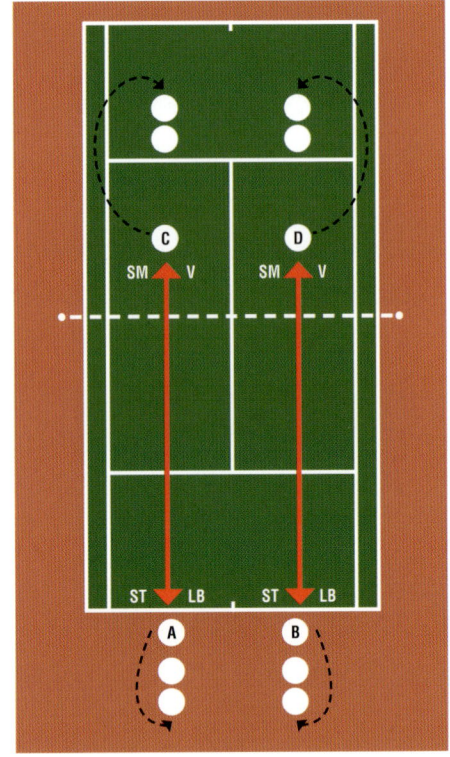

㉔ 2:1 발리·스매시 혼합 연결하기

연습목적
발리, 스매시 위주의 연습으로서 두 가지 기술을 능숙하게 잘 구사하고 변환할 수 있는 능력을 기른다.

연습요령
두 선수는 베이스라인 뒤에 서서 로브와 스트로크를 하고, 한 선수는 네트 앞에 서서 발리와 스매시를 한다. 1~3분씩 실시하고 다음 선수와 교대하며, 10~20분 후에 역할을 바꾼다.

ST – 스트로크, LB – 로브, SM – 스매시, V – 발리

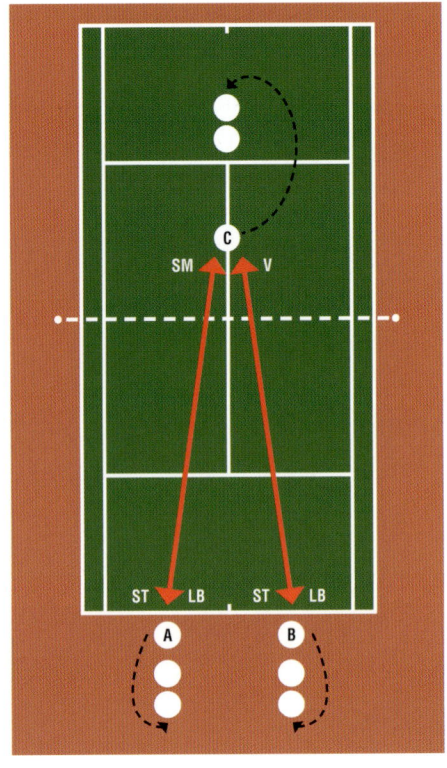

㉕ 6지역 서브 연습

연습목적
단계별 연습을 통해서 서브 자세와 서브의 정확성을 익힌다.

연습요령
서버가 A1 위치에서 서비스 박스의 사이드 쪽으로 한 번, 서비스 박스 안쪽으로 한 번 서브를 넣는다. 2개가 모두 잘 들어가면 뒤로 A2로 옮겨서 다시 2개를 넣는다. 이러한 요령으로 A1~A6까지 시계 방향으로 돌면서 12개의 서브를 넣는다. 만약 서브가 잘못 들어가면 다시 A1으로 돌아가서 시작하고, 3~5세트 정도 실시한다.

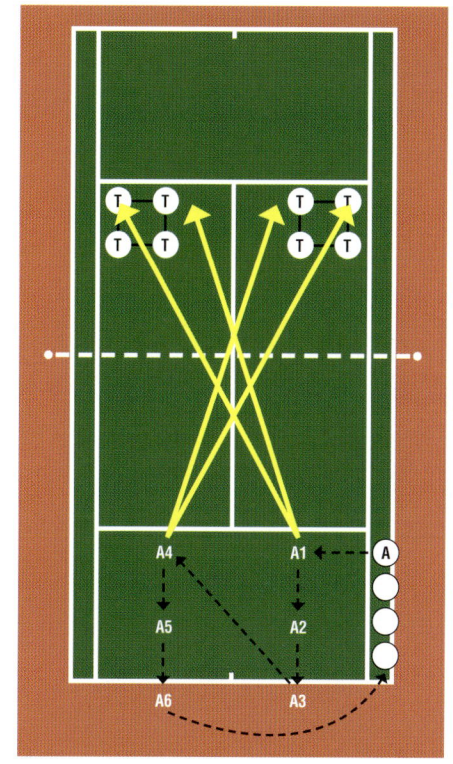

㉖ 타깃 맞히기 서브

연습목적
코스별로 정확하게 서브를 넣을 수 있는 능력을 익힌다

연습요령
서버 Ⓐ, Ⓑ는 첫 번째 서브와 두 번째 서브를 구분하여 각 코스에 2개씩, 총 8개의 서브를 넣는다. 서버가 타깃을 맞히면 1포인트 득점, 만약 네트를 맞히면 1포인트 감점하는 것으로 점수를 매겨 시합을 할 수도 있다. 듀스(애드) 코트에서 8개가 끝나면 애드(듀스)코트로 옮긴다. 양방향 3~5세트 정도 실시한다.

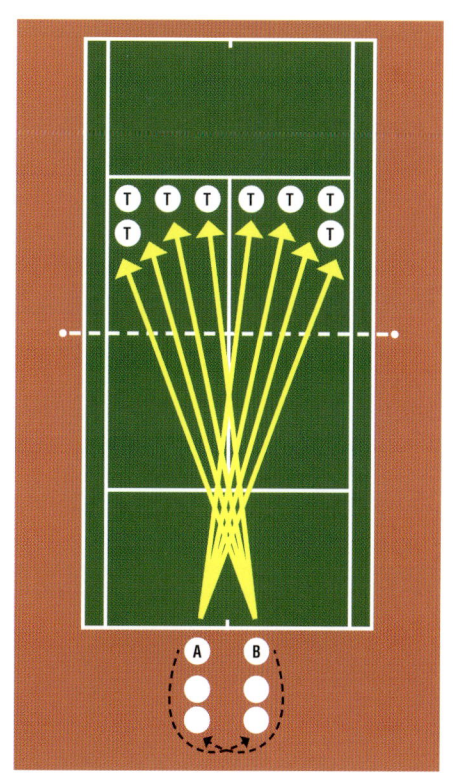

㉗ 파워 서브

연습목적
파워 있는 첫 서브를 구사할 수 있는 능력을 기르게 한다.

연습요령
서버는 듀스, 애드 코트에서 각각 2개씩, 총 4개의 서브를 넣는다. 이때 서브는 반드시 득점 라인과 파워 라인을 넘어야 하고 서브의 첫 번째 바운드는 빗금 친 지역에 떨어져야 한다. 만약 서브가 정확하게 빗금 친 지역에서 바운드되어 파워 라인을 넘으면 1포인트를 득점하는 것으로 한다. 개인 또는 단체전으로 해서 10점을 따면 이기는 것으로 한다. 1~3세트 정도 실시한다.

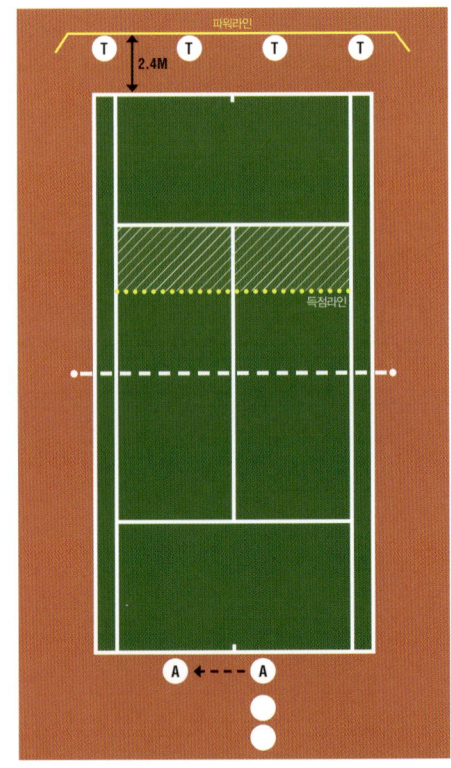

㉘ 서비스 리턴 연습(1단계)

연습목적
서비스라인 뒤에서 날아오는 강하고 빠른 서브를 받을 수 있는 서비스 리턴 기술과 요령을 익힌다.

연습요령
서버는 서비스라인 1보 뒤에 서고 리시버는 베이스라인 바로 뒤나 1보 뒤에 선다. 서버는 서브를 다양한 코스로 강하게 넣어준다. 서버가 토스를 해서 공이 공중에 떠 있을 때, 리시버는 제자리 또는 한 발 앞으로 전진해서 스플릿 스텝을 해야 한다. 서브가 오기 전에 스플릿 스텝을 하면 빠른 서비스 리턴을 할 수 있기 때문이다. 서브가 오면 대각선으로 나가면서 서브를 커버한다. 개인당 2~4개씩 실시하고 교대한다.

 – 서버, (R) – 리시버

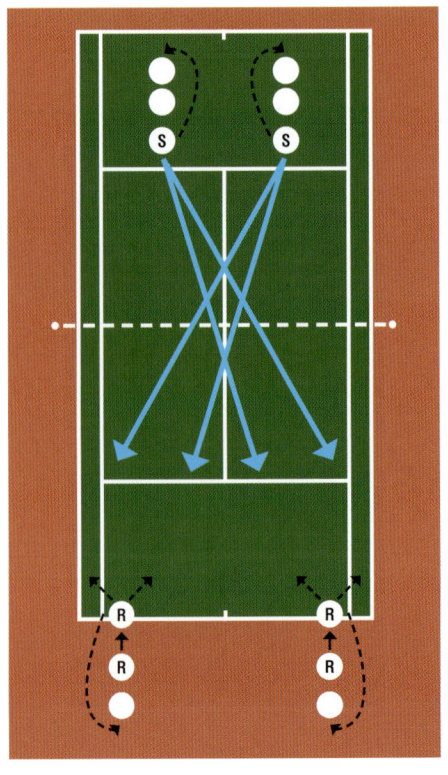

㉙ 서비스 리턴 연습(2단계)

연습목적
미드 코트에서 날아오는 강하고 빠른 서브를 받을 수 있는 서비스 리턴 기술과 요령을 익힌다.

연습요령
서버는 베이스라인 2보 앞에 서고 리시버는 베이스라인 위에 선다. 서버는 서브를 힘 있게 넣고 리시버는 날아오는 서브 각도를 좁히기 위해 한 발 앞으로 나아가서 스플릿 스텝과 동시에 공을 받도록 한다.

Ⓢ – 서버, Ⓡ – 리시버

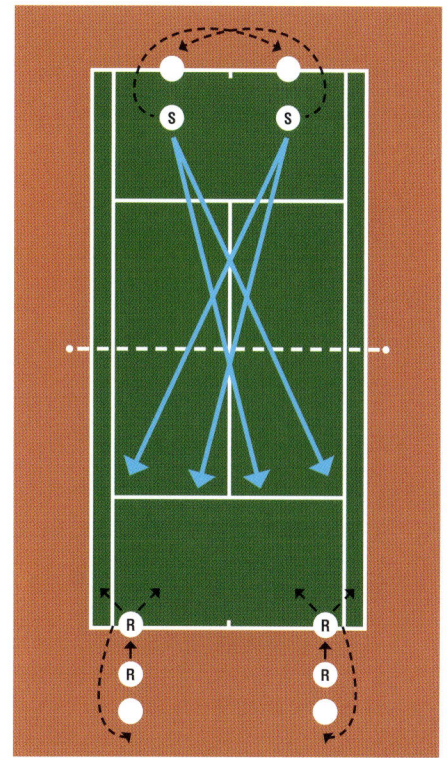

㉚ 서비스 리턴 연습(3단계)

연습목적
베이스라인 뒤에서 날아오는 서브를 1단계와 2단계 요령과 같이 리턴하는 기술을 익힌다.

연습요령
베이스라인 뒤의 서버는 정상적인 동작으로 강한 첫 서브와 스핀이 걸린 두 번째 서브를 구분하여 넣어준다. 리시버는 첫 서브와 두 번째 서브의 차이점을 느끼면서 타깃으로 리턴한다. 2~4개씩 실시하고 교대한다.

Ⓢ – 서버, Ⓡ – 리시버

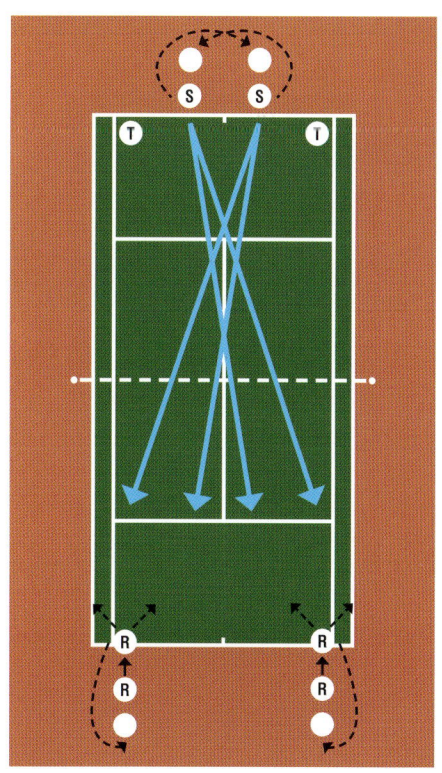

㉛ 두 번째 서비스 리턴 연습

연습목적

비교적 약한 두 번째 서브를 높은 타점에서 자신이 의도한 방향으로 강하게 받아치는 것을 목표로 한다.

연습요령

서버는 베이스라인 1보 앞으로 들어가서 두 번째 서브를 다양한 코스로 넣어준다. 이때 리시버는 베이스라인 위에서 준비하고 있다가 상대가 약한 서브를 넣으면 한 발 더 앞으로 들어가면서 강하게 공격한다. 2~4개씩 실시한 후 다음 선수와 교대한다.

Ⓢ – 서버, Ⓡ – 리시버

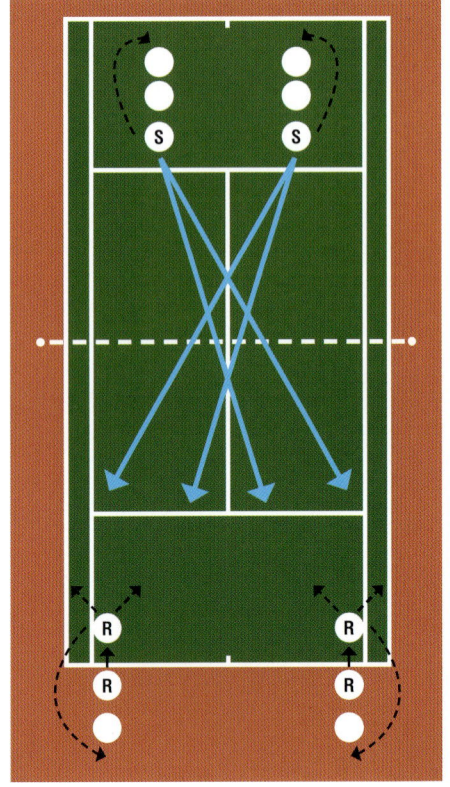

TIP 리시브를 받는 위치

- 첫 번째 서브   베이스라인 1~2보 뒤에 위치
- 두 번째 서브   베이스라인 근처에 위치
- 듀스 코트   오른발이 싱글스 사이드라인 연장선에 위치
- 애드 코트   왼발이 싱글스 사이드라인 연장선에 위치

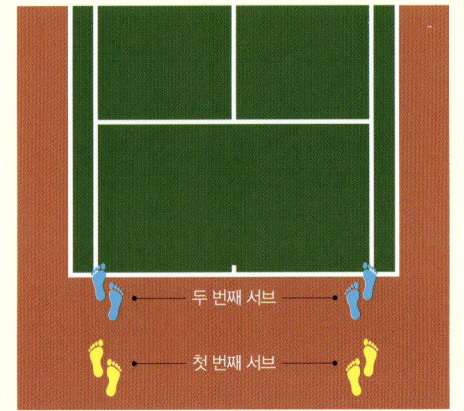

PART 7

테니스 트레이닝

PART 7. 테니스 트레이닝

01 테니스 트레이닝

테니스를 위한 컨디셔닝 프로그램에는 근력, 유연성, 지구력, 유산소, 무산소 운동이 포함되어야 한다. 만약 이러한 요소 중 어느 하나가 포함되어 있지 않으면 플레이어가 가지고 있는 최고의 기량을 발휘하기가 어려울 뿐만 아니라 경기 중에 부상당할 가능성도 높아진다. 전신에 고른 자극을 주는 준비 운동과 유연성을 길러주는 운동을 배워보자.

● 준비 운동

준비 운동은 테니스 플레이어의 컨디셔닝 프로그램에서 중요한 역할을 한다. 준비 운동의 목적은 몸을 구성하고 있는 조직으로 하여금 운동에 잘 반응하도록 하고, 부상을 예방하는 데 있다.

기본적인 준비 운동 종목
① 체조
② 가벼운 조깅
③ 사이드 스텝, 캐리오카 스텝, 잔발 뛰기
④ 다리 번갈아 올리며 걷기
⑤ 제자리에서 점프하기
⑥ 무릎 올리며 달려가기

⭕ 유연성 운동

유연성이란 운동의 범위를 확장하기 위한 관절 주위의 근육, 건, 인대의 능력을 말한다. 테니스 선수에게 필요한 유연성 운동에는 동적 스트레칭과 정적 스트레칭이 있다.

동적 스트레칭

동적 스트레칭은 지나친 충격이나 무게를 가하지 않는 스트레칭으로 훈련이나 경기를 하기 직전에 실시하는 훈련이다. 동적 스트레칭은 테니스에 필요한 동작을 많이 포함하는 것이 좋다.

기본적인 동적 스트레칭 종목
① 라켓을 잡고 팔로 원 만들기
② 각 스텝마다 가슴 쪽으로 무릎을 올려 당기면서 앞으로 나아가기
③ 발을 엉덩이 쪽으로 차면서 조깅하기
④ 서비스와 그라운드 스트로크 같은 동작을 흉내 내어 강도를 높이면서 반복하기

정적 스트레칭

정적 스트레칭은 일반적으로 근육이 최대한 늘어난 상태에서 일정 시간 정지하는 동작으로서 특정 부분을 집중적으로 스트레칭할 수 있는 방법이다. 평소 정적 스트레칭을 해두면 유연성 향상에 많은 도움이 되므로 틈날 때마다 실시하도록 하자. 테니스에 도움이 되는 정적 스트레칭을 몇 가지 소개한다.

TIP 정적 스트레칭 방법

① 준비 운동을 5~10분 정도 한다.
② 느리고 부드러운 동작을 하는 데 중점을 둔다.
③ 호흡을 길게 들이마시고, 내뱉으면서 실시한다.
④ 경직된 부위부터 스트레칭한다.
⑤ 약간의 통증이 느껴지는 단계까지 스트레칭한다.
⑥ 혼자 힘으로 스트레칭할 수 있는 범위 안에서 실시한다.
⑦ 반동을 주지 않는다.
⑧ 대근육부터 스트레칭한다.

PART 7. 테니스 트레이닝

○ 허리와 몸통 강화를 위한 정적 스트레칭

테니스는 특히 상체를 많이 사용하기 때문에, 운동 전에 허리와 상체를 충분히 이완시켜야 한다. 근육의 유연성이 스트로크의 파워로 연결될 수 있으므로 다음에 소개하는 스트레칭으로 허리와 몸통을 강화해 보도록 하자.

엎드려 허리 펴서 상체 들어 올리기

지면에 엎드린 상태에서 서서히 상체를 세우고 시선은 정면을 바라본다. 6~10초 정도 자세를 유지한다.

무릎 꿇어 상체 앞으로 굽히기

무릎을 꿇은 자세에서 엎드려 어깨를 누르면서 두 팔을 앞으로 뻗는다. 머리는 숙이고 6~10초 정도 자세를 유지한다.

다리 앞으로 펴고 몸통 앞으로 굽히기

두 다리를 앞으로 뻗으면서 상체를 서서히 앞으로 숙이고 시선은 양발 끝을 향한다. 6~10초 자세를 유지한다.

다리 벌려 몸통 앞으로 굽히기

양다리를 최대한 옆으로 벌리고 앉아서 상체를 앞으로 서서히 굽힌다. 시선은 정면을 바라본다. 6~10초 자세를 유지한다.

다리 벌려 상체 옆으로 굽히기

양다리를 옆으로 벌려 앉은 자세에서 상체를 한쪽 발 위로 서서히 굽힌다. 이때 최대한 가슴이 허벅지에 닿도록 노력한다. 6~10초 정도 자세를 유지하고 반대쪽도 똑같이 실시한다.

다리 꼬아서 몸통 돌리기

두 다리를 뻗은 상태에서 한쪽 다리를 꼬고 상체는 반대 방향으로 서서히 틀어준다. 6~10초 정도 자세를 유지하고 반대쪽도 똑같이 실시한다.

머리 뒤로 다리 넘기기

누운 상태에서 등을 세우면서 다리를 머리 뒤로 넘긴다. 이때 두 손은 등을 잘 받쳐서 상체 균형을 잡아준다. 6~10초 정도 자세를 유지한다.

○ 고관절과 다리 강화를 위한 정적 스트레칭

고관절과 다리는 특히 허리, 몸통과 더불어 테니스를 하는 데 매우 중요한 역할을 하는 곳이다. 테니스의 모든 기술은 하체의 튼튼한 지지가 있어야 한다고 해도 과언이 아니다. 따라서 부드러운 스윙과 파워를 구사하기 위해 운동 전에 하체를 충분히 풀어주어야 한다.

다리 모아서 상체 앞으로 굽히기

앉아 있는 자세에서 두 발의 발바닥이 서로 맞닿게 하고 몸 앞으로 끌어당긴다. 그리고 서서히 상체를 숙여서 머리를 두 발에 댄다. 6~10초 정도 자세를 유지한다.

다리 벌려 굽히기

다리를 벌린 상태에서 고관절이 긴장되도록 서서히 아래로 굽힌다. 이때 상체는 세우고 시선은 정면을 바라본다. 6~10초 정도 자세를 유지하고 반대쪽도 똑같이 실시한다.

누워서 몸통 비틀기

등을 대고 누운 상태에서 한 다리를 반대 방향으로 돌린다. 이때 얼굴은 다리와 반대 방향으로 돌린다. 6~10초 정도 자세를 유지하고 반대쪽도 똑같이 실시한다.

다리 모아 상체 앞으로 굽히기

다리를 모아 선 자세에서 가슴이 허벅지에 닿을 때까지 상체를 서서히 굽힌다. 이때 두 손은 종아리 부분을 감싸준다. 6~10초 자세를 유지한다.

서서 무릎 굽히기

선 자세에서 한 다리를 구부려 올리고 두 손은 올린 다리를 누르면서 스트레칭한다. 왼발은 몸을 잘 지탱할 수 있도록 균형을 잡는다. 6~10초 자세를 유지하고 반대쪽도 똑같이 실시한다.

뒤꿈치 들어 올리기

다리를 모아 선 자세에서 발 뒤꿈치를 들어 올린다. 6~10초 자세를 유지한다.

다리 뻗어 지탱하기

선 자세에서 몸을 뒤로 눕혀 한 다리를 앞으로 뻗고 뒷다리는 체중을 잘 지탱한다. 6~10초 자세를 유지하고 발을 바꿔서 똑같이 실시한다.

○ 목과 어깨, 손목 강화를 위한 정적 스트레칭

목과 어깨, 손목 부위는 서브나 스매시를 하는 데 있어서 중요한 역할을 한다. 따라서 훈련이나 시합을 하기 전에 목, 어깨, 손목의 긴장을 완화시키고 충분히 풀어주어야 한다.

목 앞으로 굽히기

선 자세에서 두 손을 머리 뒤에서 깍지를 끼워 서서히 누른다. 자세를 6~10초 유지한다.

목 옆으로 굽히기

선 자세에서 한 손으로 반대편 머리 옆 부분을 서서히 누른다. 6~10초 자세를 유지한다.

어깨 옆으로 벌리기

선 자세에서 한쪽 팔로 장애물을 잡은 상태에서 어깨가 젖혀지도록 뒤로 당긴다. 6~10초 자세를 유지하고 반대쪽도 똑같이 실시한다.

어깨 목 뒤로 굽히기

선 자세에서 한쪽 팔을 접어서 뒤로 젖히고 다른 한쪽 팔로 젖힌 팔꿈치를 눌러준다. 6~10초 자세를 유지하고 반대쪽도 똑같이 실시한다.

어깨 몸 앞에서 뻗기

선 자세에서 한쪽 팔을 몸 앞으로 뻗은 상태에서 다른 한쪽 팔로 팔꿈치 부분을 서서히 눌러준다. 6~10초 자세를 유지하고 반대쪽도 똑같이 실시한다.

손목 위로 젖히기

선 자세에서 한쪽 손바닥이 앞을 향하도록 팔을 뻗고 다른 손으로 손바닥을 뒤로 젖힌다. 6~10초 자세를 유지하고 반대쪽도 똑같이 실시한다.

손목 아래로 젖히기

선 자세에서 한쪽 손등이 앞을 향하도록 팔을 뻗고 다른 손으로 손등을 눌러준다. 6~10초 자세를 유지하고 반대쪽도 똑같이 실시한다.

02 웨이트 트레이닝

테니스 경기는 한 경기당 1~2시간 이상이 소요되므로 근력 및 근지구력 트레이닝이 매우 중요하다. 또한 테니스는 매우 폭발적이고 반복적인 근수축을 필요로 하는 역동적인 스포츠이다. 따라서 테니스에 도움이 되는 몸을 만들기 위해서는 정적인 등척성 트레이닝보다는 동적인 근력 트레이닝을 해야 한다.

○ 웨이트 트레이닝 프로그램 구성 시 고려해야 할 사항

운동 종목 선정

운동 종목은 크게 대근육군을 사용하는 핵심운동 종목과 소근육군이 동원되는 보조운동 종목으로 분류된다. 핵심운동 종목은 웨이트 트레이닝 프로그램의 기본 종목에 해당하는 파워클린, 스쿼트, 벤치 프레스와 같은 프레스 유형의 종목이다. 일반적으로 어떠한 웨이트 트레이닝 프로그램이라도 최소한 2개의 상체 운동과 1개의 하체 운동이 포함되어야 한다.

운동 종목의 배열

웨이트 트레이닝의 운동 순서는 일반적으로 대근육군 운동(핵심운동)으로부터 소근육군 운동(보조운동)으로 진행되는데, 그 이유는 소근육군이 대근육군보다 쉽게 피로해지기 때문이다. 주요 근육군의 운동 순서를 예를 들어 보여주자면 대퇴와 허리 ➡ 가슴 ➡ 등과 하지 후부 ➡ 하지 ➡ 어깨(삼각근, 활배근)와 상완 후부(상완 삼두근) ➡ 복부 ➡ 상완 전부(상완 이두근)의 순으로 배열한다.

운동 강도

운동의 시작은 최대 근력의 60% 정도 중량으로 하다가 점진적으로 늘려 80~90%의 수준에 이르게 하는 것이 바람직하다. 그러나 근지구력 향상을 목표로 한다면 30% 이하의 중량으로 하다가 40~50% 수준으로 늘리는 것이 효과적이다. 또 최대 반복 횟수를 이용하여 운동 강도를 정할 수 있는 방법이 있는데, 그 세트의 마지막 1~2회를 실시하는 과정에서 근육에 큰 피로를 느낄 수 있는 무게를 정하는 것이다. 세트 수는 2~3세트를 실시하는 것이 좋다.

반복 횟수

반복 횟수는 세트당 시행하는 횟수를 말하는데, 부하량을 크게 하여 순발력과 근력을 향상시키기 위한 저항성 운동은 세트당 3~6회를 반복하는 것이 적당하다. 근지구력을 향상시키기 위해서는 조금 더 가벼운 무게를 이용하여 10~15회로 실시하는 것이 좋다.

운동 빈도

일반적으로 웨이트 트레이닝은 주 3일, 격일제로 실시하는 것이 좋다. 하지만 개인에 따라 피로회복의 차이가 크므로 이를 고려하여 주당 실시 횟수를 조절하여 계획을 세워야 한다.

부하중량의 점증

운동할 때는 1개월에 3~5% 정도씩 중량을 증가시키는 것이 바람직하다. 이때, 중요한 것은 중량을 올리기 전에 먼저 반복 횟수를 늘리는 일이 선행되어야 한다. 예를 들어 처음 1세트에 8회 강도로 시작하였다면 1회씩 늘려 가다가 12회 반복을 할 수 있게 되었을 때, 중량을 3~5% 증가시켜 다시 1세트에 8회가 되도록 중량을 조절하는 방법이다.

○ 상체 강화를 위한 웨이트 트레이닝

테니스에 필요한 상체를 강화하는 운동이다. 횟수를 많이 채우는 것보다 정확한 동작으로 하는 것에 집중하자.

벤치 프레스

벤치에서 누운 상태로 적당한 바벨을 사용하여 가슴 부위에서 밀어 올린다. 바는 어깨너비보다 조금 더 넓게 잡고 허리는 약간 아치형을 만든다. 바를 들어 올릴 때 손목이 지나치게 꺾이지 않도록 주의하자. 호흡은 올리면서 내쉬고 내리면서 들이마신다.

암 컬(손바닥 앞)

선 자세에서 손 바닥이 앞을 보게 하고 바벨을 잡는다. 무릎이나 상체는 사용하지 않고 순전히 팔 힘으로만 바를 들어 올린다. 호흡은 바를 들어 올릴 때 내쉬고 내릴 때 들이마신다.

암 컬(손등 앞)

선 자세에서 손등이 앞을 보게 해서 바벨을 들어 올린다. 요령은 이전과 동일하다. 들어 올릴 때 상체의 반동이나 무릎을 쓰지 않도록 주의하자.

밀리터리 프레스

바를 어깨너비보다 약간 넓게 잡고 힘차게 들어 올렸다가 천천히 쇄골 부분까지 내리고, 다시 들어 올리는 운동이다. 선 자세에서 바를 가슴 윗부분까지 들어 올린 다음, 힘차게 머리 위로 들어 올린다. 호흡은 올릴 때 내쉬고 내릴 때 들이마신다.

비하인드 넥 프레스

바를 어깨너비보다 약간 넓게 잡고 힘차게 위로 올렸다가 승모근 부분까지 천천히 내리고, 다시 들어 올리는 운동이다. 올릴 때 손목이 너무 꺾이지 않도록 주의한다. 호흡은 올릴 때 내쉬고 내릴 때 들이마신다.

펙 덱 플라이

의자에 기대어 앉아서 상체를 세우고 가슴을 앞으로 내민다. 손잡이를 잡고 가슴 앞으로 모으는데, 어깨가 너무 앞으로 빠지지 않도록 주의하자. 팔을 모을 때 가슴 안쪽에 자극이 가야 한다. 호흡은 팔을 모을 때 내쉬고 펴면서 들이마신다.

체스트 프레스

손잡이가 가슴 중앙에 오도록 자리에 앉는다. 손목이 꺾이지 않도록 주의하고, 앉은 자세에서 손잡이를 팔 힘만으로 앞으로 밀었다가 천천히 돌아온다. 호흡은 앞으로 밀 때 내쉬고 원래 자리로 돌아올 때 들이마신다.

숄더 프레스

의자에 등을 기대고 앉아서 손잡이를 잡는다. 다리는 어깨너비 정도로 벌리고 앉은 자세에서 손잡이를 팔 힘만으로 위로 힘차게 밀어 올렸다가 천천히 내려준다. 호흡은 밀어 올릴 때 내쉬고 내릴 때 들이마신다.

○ 하체 강화를 위한 웨이트 트레이닝

하체는 움직이거나 기술을 구사하는 데 있어서 가장 중요하다. 아래와 같은 운동으로 틈틈이 하체를 단련하자.

스쿼트

발을 어깨너비로 벌리고 바벨을 어깨에 받치고 선다. 대퇴부가 바닥과 평행이 될 때까지 무릎을 구부렸다가 펴면서 일어선다. 이때 중요한 것은 반드시 허리를 펴고 하체 힘만으로 일어서야 한다는 점이다. 자칫 잘못하면 허리를 다칠 수도 있으니 처음에는 맨몸으로 하거나 저중량으로 실시하자. 호흡은 일어설 때 내쉬고 앉을 때 들이마신다. 10~12회를 겨우 들어 올릴 수 있는 정도의 무게로 하자.

레그 익스텐션

앉은 자세에서 무게를 맞춘 다음 다리를 천천히 밀어 올린다. 호흡은 밀어 올릴 때 내쉬고 내릴 때 들이마신다.

PART 7. 테니스 트레이닝

레그 컬

엎드린 자세에서 두 발을 천천히 감아올린다. 호흡은 다리를 올릴 때 내쉬고 내릴 때 들이마신다.

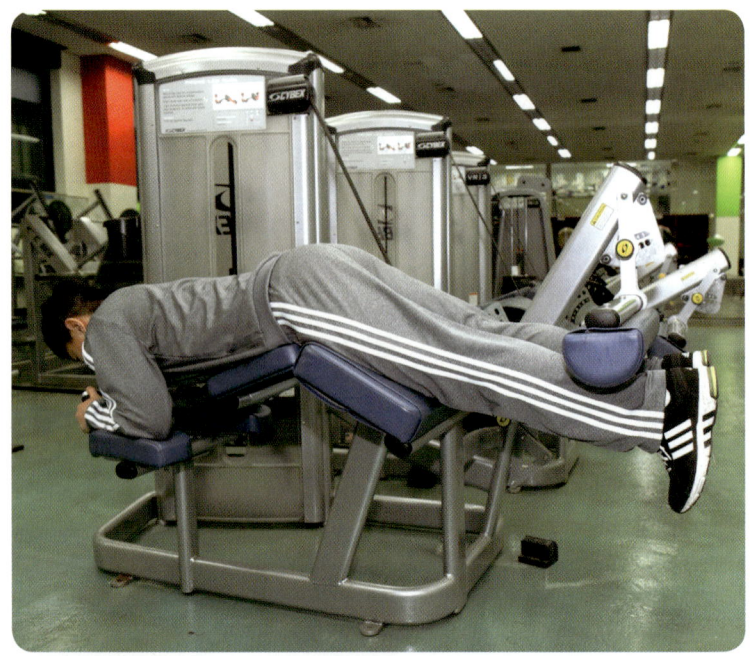

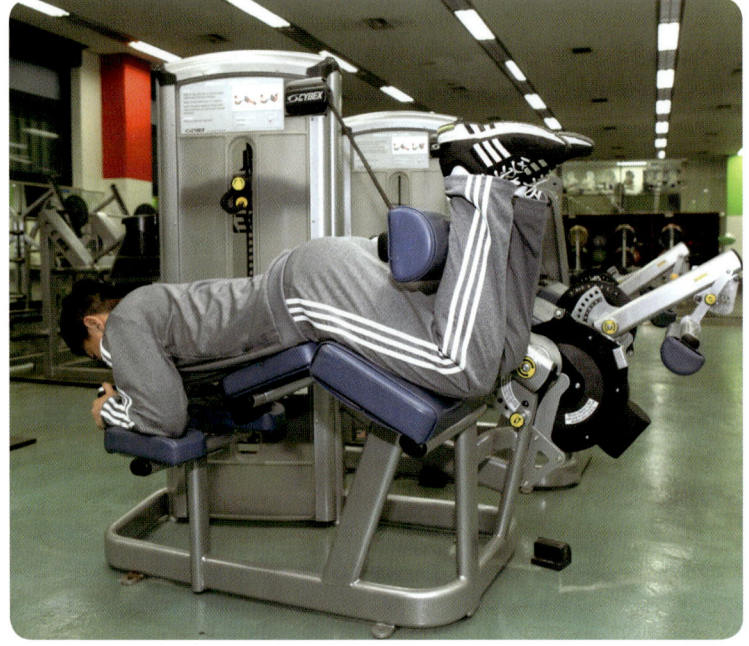

버티컬 레그 리프트

뒤로 누운 상태에서 두 다리를 발판에 댄다. 그다음 힘차게 발판을 위로 밀어 올린다. 이 운동도 스쿼트와 마찬가지로 10~12회 정도 할 수 있는 무게를 선택해서 실시하는 것이 효과적이다. 호흡은 밀어 올릴 때 내쉬고 내릴 때 들이마신다.

바벨 카프 레이즈

발을 어깨너비로 벌려 선 자세에서 바벨 바를 목 뒤로 위치시킨 다음, 양발 뒤꿈치를 계속해서 위로 들어 올렸다가 내린다.

○ 손목 강화를 위한 웨이트 트레이닝

손목을 강화하면 서브나 스매시뿐만 아니라 전반적으로 스트로크를 강하게 칠 수 있다. 따라서 손목 운동도 꾸준히 할 수 있도록 하자.

리스트 컬

앉은 자세에서 손바닥이 앞을 바라보게 해서 덤벨을 잡고 손목 동작으로만 들어 올린다. 호흡은 들어 올릴 때 내쉬고 내릴 때 들이마신다.

리버스 리스트 컬

앉은 자세에서 손등이 앞을 바라보게 해서 덤벨을 잡고 손목 동작으로만 들어 올린다. 호흡은 전과 동일하다.

참고문헌

체육계열 고등학교 전문 교과서(네트 경기) 교육인적자원부, 김석환 외 2명, 2007
스포츠의 이론과 실기 도서출판 지암사, 김석환 외 25명, 1975
Professional Guide Book (사)한국테니스지도자협회, 2011
Total Tennis Training Masters press, Chuck Kriese, 1988
Tennis Tactics Human Kinetics, USAT, 1996
Tennis Handbook Human Kinetics, Nick Bollettieri, 2001
Tennis Drill Triumph books, USPTR, 1998
Bollettieri's Tennis Hand Book Human Kinetics, Nick Bollettieri, 2001

모델

한국체육대학교
김지하 · 손준혁 · 설유나 · 오다빈

뉴 테니스 바이블

1판 6쇄 | 2024년 4월 29일
지 은 이 | 김 석 환
발 행 인 | 김 인 태
발 행 처 | 삼호미디어
등   록 | 1993년 10월 12일 제21-494호
주   소 | 서울특별시 서초구 강남대로 545-21 거림빌딩 4층
          www.samhomedia.com
전   화 | (02)544-9456
팩   스 | (02)512-3593

ISBN 978-89-7849-551-6 13690

Copyright 2016 by SAMHO MEDIA PUBLISHING CO.

출판사의 허락 없이 무단 복제와 무단 전재를 금합니다.
잘못된 책은 구입처에서 교환해 드립니다.